小荷才露尖尖

少儿优秀书画作品选

颍上县文化馆 组编

安徽师范大学出版社
ANHUI NORMAL UNIVERSITY PRESS
·芜湖·

图书在版编目(CIP)数据

小荷才露尖尖角:少儿优秀书画作品选/颍上县文化馆组编. — 芜湖:安徽师范大学出版社,2021.10
ISBN 978-7-5676-5429-7

Ⅰ.①小… Ⅱ.①颍… Ⅲ.①汉字—法书—作品集—中国—现代 ②绘画—作品综合集—中国—现代 Ⅳ.①J121

中国版本图书馆CIP数据核字(2021)第203437号

小荷才露尖尖角:少儿优秀书画作品选 颍上县文化馆/组编
XIAO HE CAI LU JIANJIAN JIAO : SHAOER YOUXIU SHUHUA ZUOPIN XUAN

责任编辑:潘 安
责任校对:辛新新
装帧设计:张德宝
责任印制:桑国磊
出版发行:安徽师范大学出版社
芜湖市北京东路1号安徽师范大学赭山校区 邮政编码:241000
网 址:http://www.ahnupress.com/
发 行 部:0553-3883578 5910327 5910310(传真)
印 刷:苏州市古得堡数码印刷有限公司
版 次:2021年10月第1版
印 次:2021年10月第1次印刷
规 格:880 mm × 1230 mm 1/16
印 张:7.5
字 数:30千字
书 号:ISBN 978-7-5676-5429-7
定 价:118.00元

编 委 会

前 言

“赤橙黄绿青蓝紫，谁持彩练当空舞?”盛夏颍上，翰墨飘香。为弘扬优秀传统文化，营造书香社会，丰富少年儿童的文化生活，激发少年儿童对书画艺术追求的热情，2021年5月颍上县文化馆举办了“颍上县少儿书画大赛暨颍上县少儿书画展”。

本次大赛共收到参赛作品500余幅，90%是来自乡镇的儿童作品。这次入册的100余幅作品是精挑细选的佳作：有纤细有度的书法、色彩缤纷的油画，也有生动活泼的水彩、墨趣横生的国画……孩子们用栩栩如生的作品描绘着和谐美丽的家园以及对未来的无限憧憬。

尽管小作者们年龄段不同，艺术表现手法不一，但这些作品充满童真童趣，富有想象力与感染力，展示了孩子们对生活的热爱和对艺术的追求，也凝聚着指导老师和家长的智慧与心血。

愿此次书画展带给孩子们更多真、善、美!

感谢孩子们的积极创造，感谢指导老师的精心指导，感谢各位家长的认真配合，感谢社会各界的大力支持！让我们一起行动起来，关爱孩子，让艺术在孩子们心中生根发芽，陪伴他们健康地成长。

还要感谢本次大赛几位特约评委给出的中肯意见!

根据图书出版要求，编者对部分作品进行了一些细节处理。

“小荷才露尖尖角”，希望这本画册能让更多的孩子认识艺术、喜爱艺术!

刘 波

二〇二一年六月三十日

目　录

书　法

沁园春(片段)　/　朱晨旭　(朱保华工作室)……3
任重道远　/　单诚致　(管仲小学)……4
秀　水　/　靳墨辰　(慎城镇第二小学)……5
七律·长征　/　曹文桃　(半岗镇中心校)……6
卜算子·咏梅　/　朱晨旭　(朱保华工作室)……7
祖国是人民最坚实的依靠　/　谢雨晨　(朱保华工作室)……8
我们是共产主义接班人(节录)　/　赵小萱　(朱保华工作室)……9
毛泽东词两首　/　王文霞　(三十铺镇中心学校)……10
沁园春·长沙　/　李梦凡　(三十铺镇中心学校)……11
孩儿立志出乡关　/　王昱阳　(崔中保工作室)……12
百　年　/　朱悦悦　(南照镇敏思小学)……13
暮色苍茫看劲松　/　邵子阳　(崔中保工作室)……14
念奴娇·追思焦裕禄　/　马诗媛　(朱保华工作室)……15
党是阳光　/　刘晨俊　(南照镇敏思小学)……16
词三首　/　王思悦　(润河镇中心学校)……17
卜算子·咏梅　/　刘子怡　(杨湖镇沫口学校)……18
富　民　/　刘子祥　(管仲小学)……19
青　松　/　朱梓彤　(朱保华工作室)……20
百年奋斗为人民　/　张伟宸　(朱保华工作室)……21
百年奋斗史　/　许　涵　(朱保华工作室)……22
吾　愿　/　马　妍　(朱保华工作室)……23
就义诗　/　刘乐康　(朱保华工作室)……24
居天下　/　姜心奇　(朱保华工作室)……25

离骚(节录) / 韩若熙 (朱保华工作室)……26
七律·人民解放军占领南京 / 史恩赐 (西三十铺镇南环路学校) ……27
黄河路天走东海 / 李嘉乐 (三十铺镇中心校)……28
七律·人民解放军占领南京 / 余思恺 (颍上县实验小学) ……29
党是阳光我是苗 / 刘晨俊 (南照镇敏思小学)……30
建党百年 / 王祉祺 (管仲小学)……31
坐久苍苔如见侵 / 康圣宇 (明日之星)……32
坚 持 / 汤婉婷 (迪沟镇中心校)……33
山居秋暝 / 闫华辰 (崔中保工作室)……34
红 梅 / 刘冉冉 (朱保华工作室)……35
党的光辉照我心 / 李思成 (慎城镇第二小学)……36
西江月·井冈山 / 陈 习 (慎城镇第二小学) ……37
军歌嘹亮 / 李明洋 (三十铺镇中心校)……38
努力学习 / 韩宇晨 (南照镇敏思学校)……39
早发白帝城 / 杨梦杰 (六十铺镇中心校)……40
东 方 红 / 赵宇墨 (六十铺镇中心校)……41
青 松 / 刘乐康 (管仲小学)……42
七律·长征 / 刘梦迪 (六十铺镇中心校) ……43
七律·人民解放军占领南京 / 韩雨晨 (管仲小学) ……44

绘 画

国色天香 / 沈紫怡 (十八里铺镇中心校)……47
齐 欢 乐 / 王子涵 (实验小学)……48
大 手 / 马雨晨 (实验小学)……49
保卫祖国 / 白柳汐 (慎城镇第二小学)……50
嫩 芽 / 郑欣冉 (赛涧乡中心学校)……51
致 敬 / 唐诗柔 (赛涧乡中心学校)……52
吹 号 / 张云静 (润河镇中心学校)……53
庆 祝 / 解雨辰 (管仲小学)……54
敬 礼 / 徐紫依 (八里河镇爱心幼儿园)……55

和平鸽 / 曾令航（管仲小学）……56
向日葵 / 卜雨欣（明日之星舞蹈学校）……57
叠罗汉 / 汤浩源（实验幼儿园）……58
守护 / 张子聪（慎城镇第二小学）……59
鸡 / 沈心（慎城镇第二小学）……60
爱祖国 / 马灵俐（慎城镇第二小学）……61
乐 / 张克豪（润河镇中心小学）……62
光辉 / 杨凤晴（赛涧乡中心小学）……63
祖国好 / 杨凤晴（赛涧乡中心小学）……64
祖国好 / 马嫚（南照镇中心校）……65
舞 / 聂俊琪（龙门画室）……66
丰收 / 江迪（龙门画室）……67
出发 / 杜欣悦（龙门画室）……68
信 / 李欣怡（关屯乡中心小学）……69
龙 / 闫施宇（关屯乡中心小学）……70
嬉戏 / 高墨（迪沟镇中心校）……71
向日葵 / 官静雅（八里河镇爱心幼儿园）……72
对比 / 蒋思雨（赛涧乡中心学校）……73
浪 / 蒋墨涵（赛涧乡中心小学）……74
荷 / 穆雨彤（赛涧乡中心小学）……75
辉煌 / 吴心怡……76
同庆祝 / 许慧婷……77
歌唱 / 刘思雨（龙门画室）……78
奔月 / 邢善宇（明日之星）……79
和谐号 / 穆伟齐（慎城镇第二小学南区）……80
我爱我的祖国 / 白柚汐（慎城镇第二小学南区）……81
新时代 / 董欣妍（慎城镇第二小学）……82
母亲 / 郑欣（赛涧乡中心小学）……83
母亲 / 谢冉（明日之星）……84
祝祖国 / 汪名伟（润河镇中心学校）……85
动车 / 蒋小雨（赛涧乡中心小学）……86

祖 国 好 / 马长婷 (明日之星)……87
爱 / 沈 心 (龙门画室)……88
鹿 / 吴琦琦 (龙门画室)……89
鲸 / 宫单洁 (龙门画室)……90
滑 冰 / 马 可 (龙门画室)……91
从游乐场到动物园 / 高梦莹 (龙门画室)……92
长 城 / 高泽朕 (关屯乡中心小学)……93
女 孩 / 杜欣悦 (龙门画室)……94
向 太 阳 / 王艺馨 (古城镇中心小学)……95
河洲书院 / 王家颍 (关屯乡中心小学)……96
祝 福 / 冯安妮 (古城镇中心小学)……97
如诗如歌 / 张子欣 (迪沟镇中心学校)……98
向 太 阳 / 闫若琳 (八里河镇爱心幼儿园)……99
硕 果 / 王 硕 (江店孜镇中心学校)……100
玉 兰 / 张怡馨 (明日之星)……101
一方有难,八方出力 / 李涵悦 (赛涧乡中心学校)……102
祖 国 好 / 缪金灿 (江口镇中心学校)……103
致 敬 / 吴静涵 (江口镇中心学校)……104
母 亲 好 / 韩昊泽 (红星镇中心学校)……105
致 敬 / 尤 冉 (古城镇樊马小学)……106

剪 纸

敬 礼 / 蒋雅丽 (赛涧乡中心小学)……109
献 花 篮 / 万庆庆 (迪沟镇中心学校)……110

附录:颍上县“童心向党”少儿书画比赛工作剪影……111

书法

問蒼茫大地誰主
沉浮數風流人物
還看今朝

辛丑初春三月
朱晨旭書於嵮

一等奖

朱晨旭
（朱保华工作室）

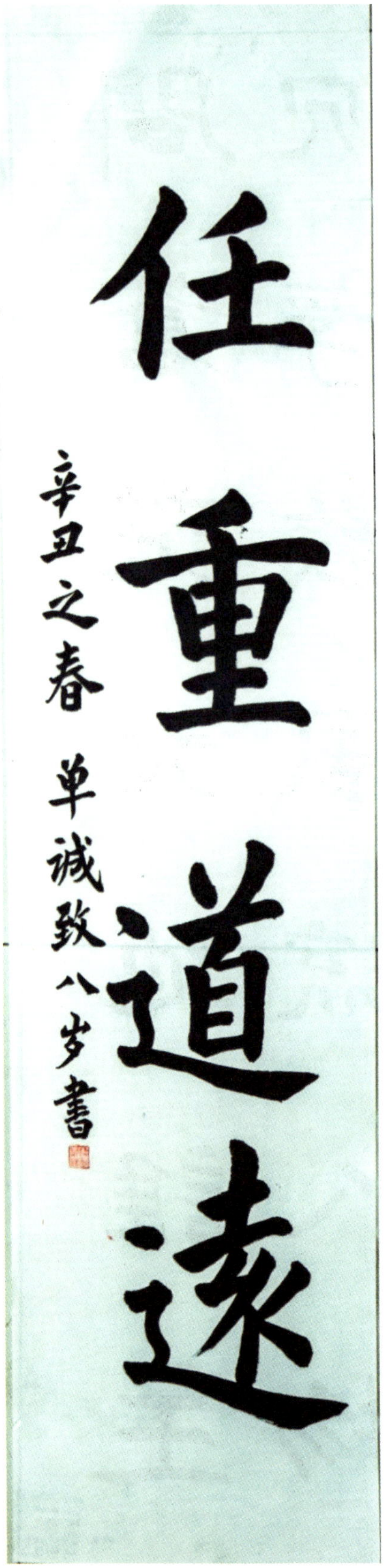
任重道遠
辛丑之春
单诚致八岁書

一等奖

单诚致（管仲小学）

秀水

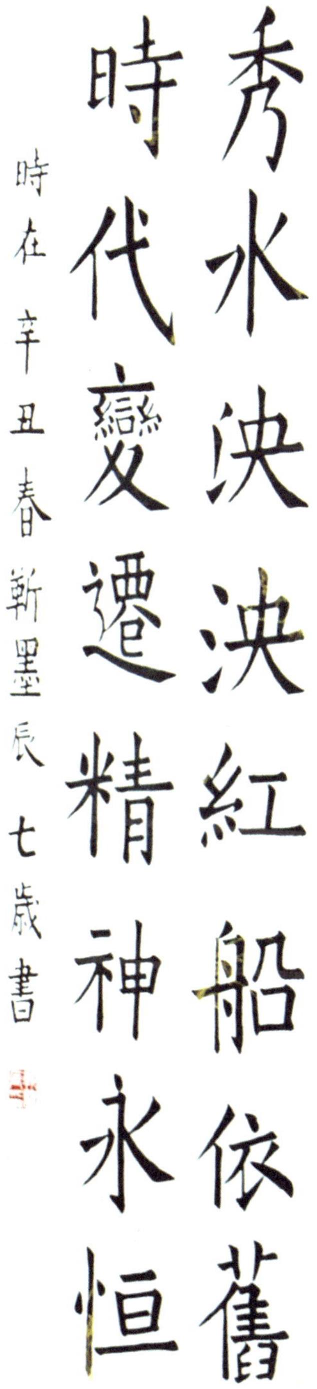
秀水泱泱紅船依舊
時代變遷精神永恒
時在辛丑春靳墨辰七歲書

一等奖

靳墨辰

（慎城镇第二小学）

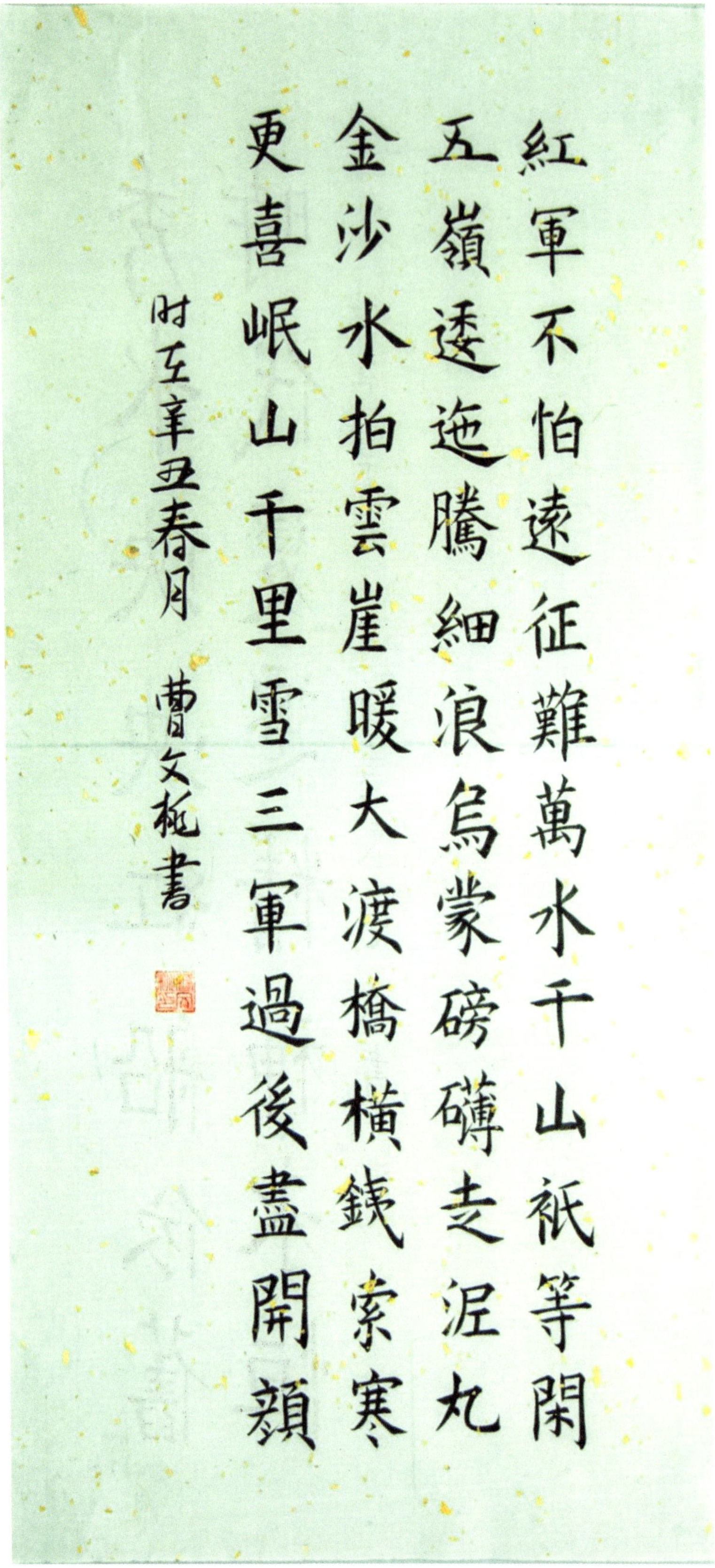
紅軍不怕遠征難萬水千山祇等閑
五嶺逶迤騰細浪烏蒙磅礴走泥丸
金沙水拍雲崖暖大渡橋橫鐵索寒
更喜岷山千里雪三軍過後盡開顏
时在辛丑春月 曹文桃書

一等奖

曹文桃

（半岗镇中心校）

風雨送春歸，飛雪迎春到。已是懸崖百丈冰，猶有花枝俏。俏也不爭春，祗把春來報。待到山花爛漫時，她在叢中咲。

毛主席卜算子咏梅詞

辛丑初春時節 朱晨旭書

二等奖

朱晨旭（朱保华工作室）

祖国是人民最坚实的依靠

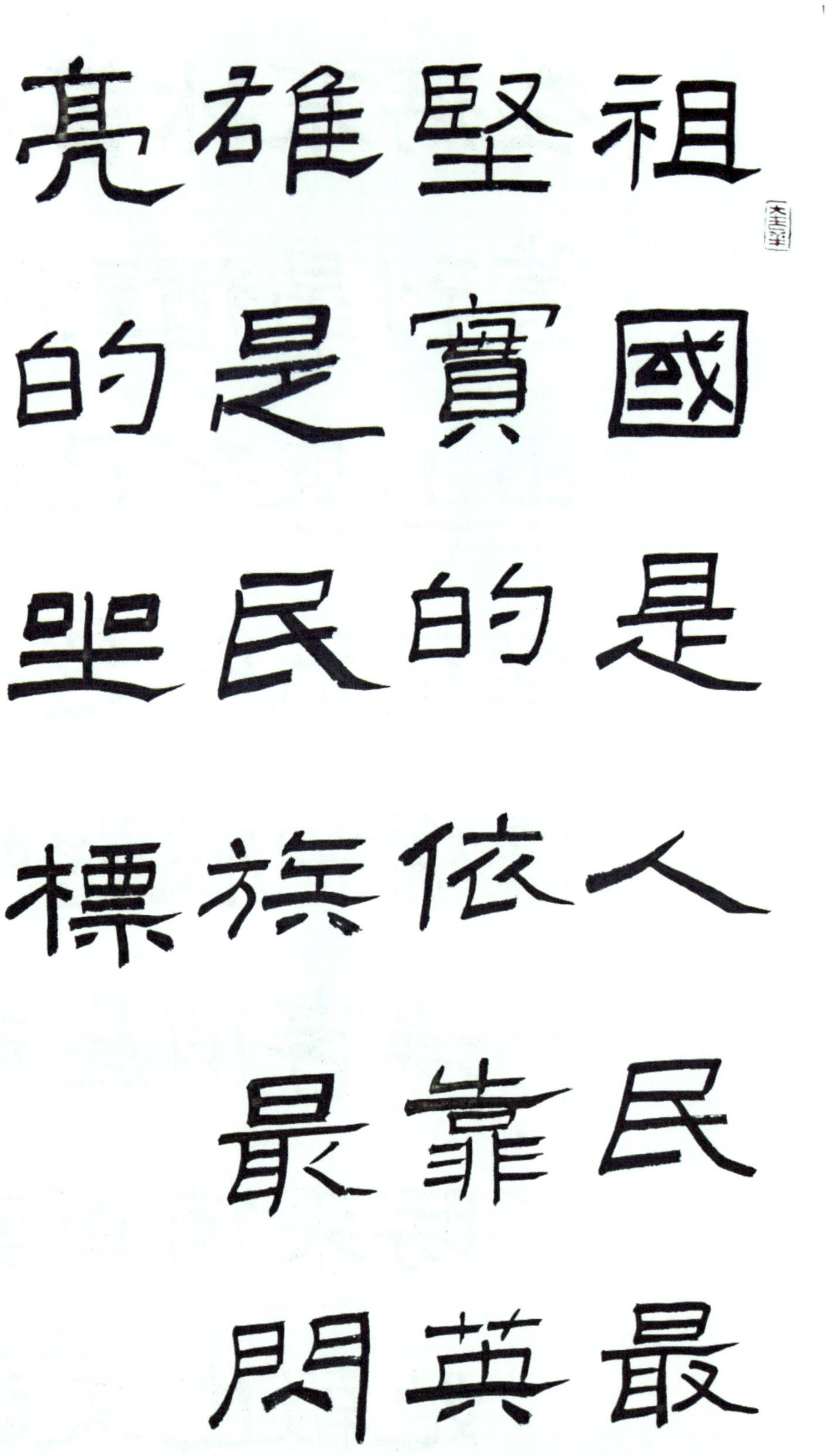
祖國是人民最
堅實的依靠英
雄是民族最閃
亮的坐標
習近平語歲次辛丑初春三月 謝雨晨書

二等奖

谢雨晨

（朱保华工作室）

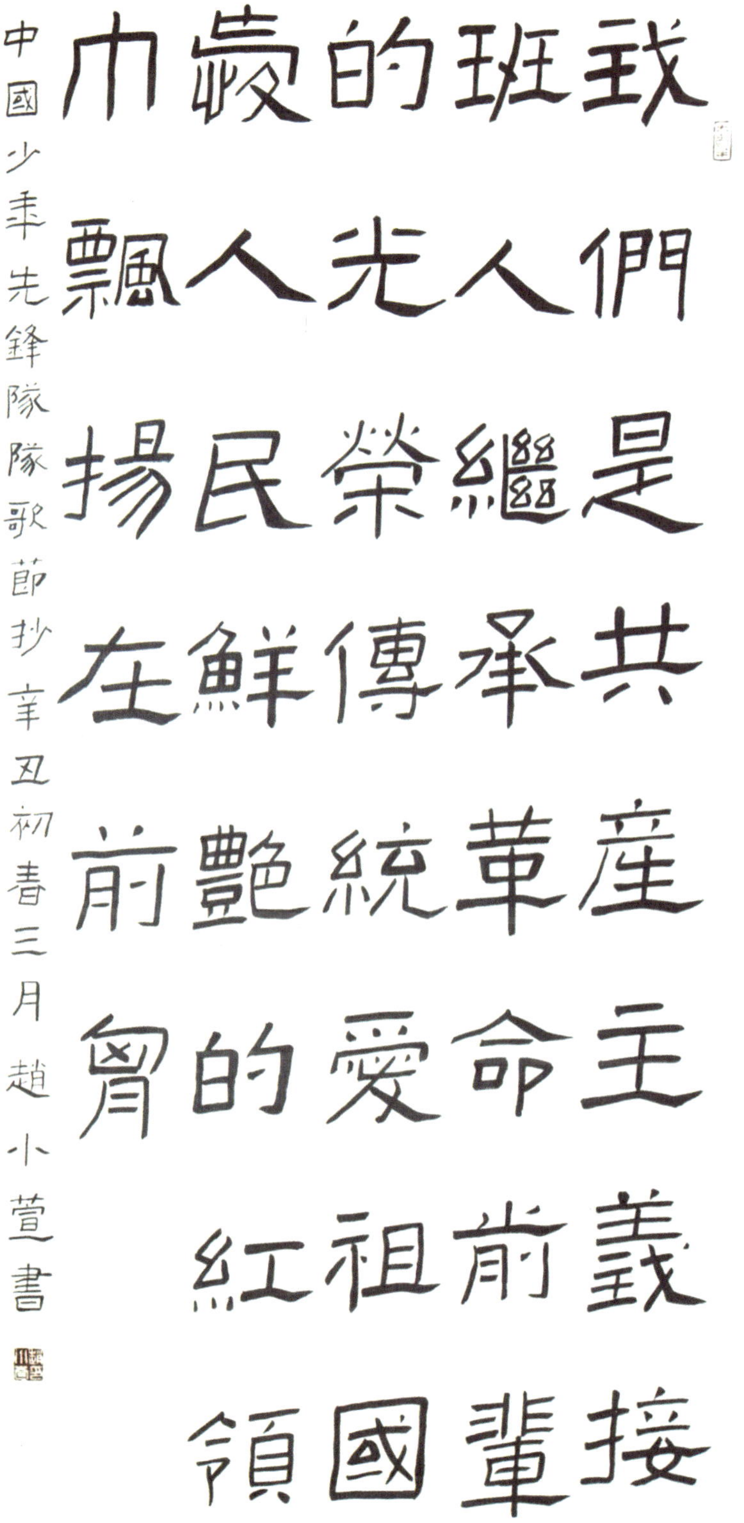
我們是共產主義接
班人繼承革命前輩
的光榮傳統愛祖國
愛人民鮮艷的紅領
巾飄揚在前胷
中國少年先鋒隊隊歌節抄 辛丑初春三月 趙小萱書

我们是共产主义接班人（节录）

二等奖

赵小萱

（朱保华工作室）

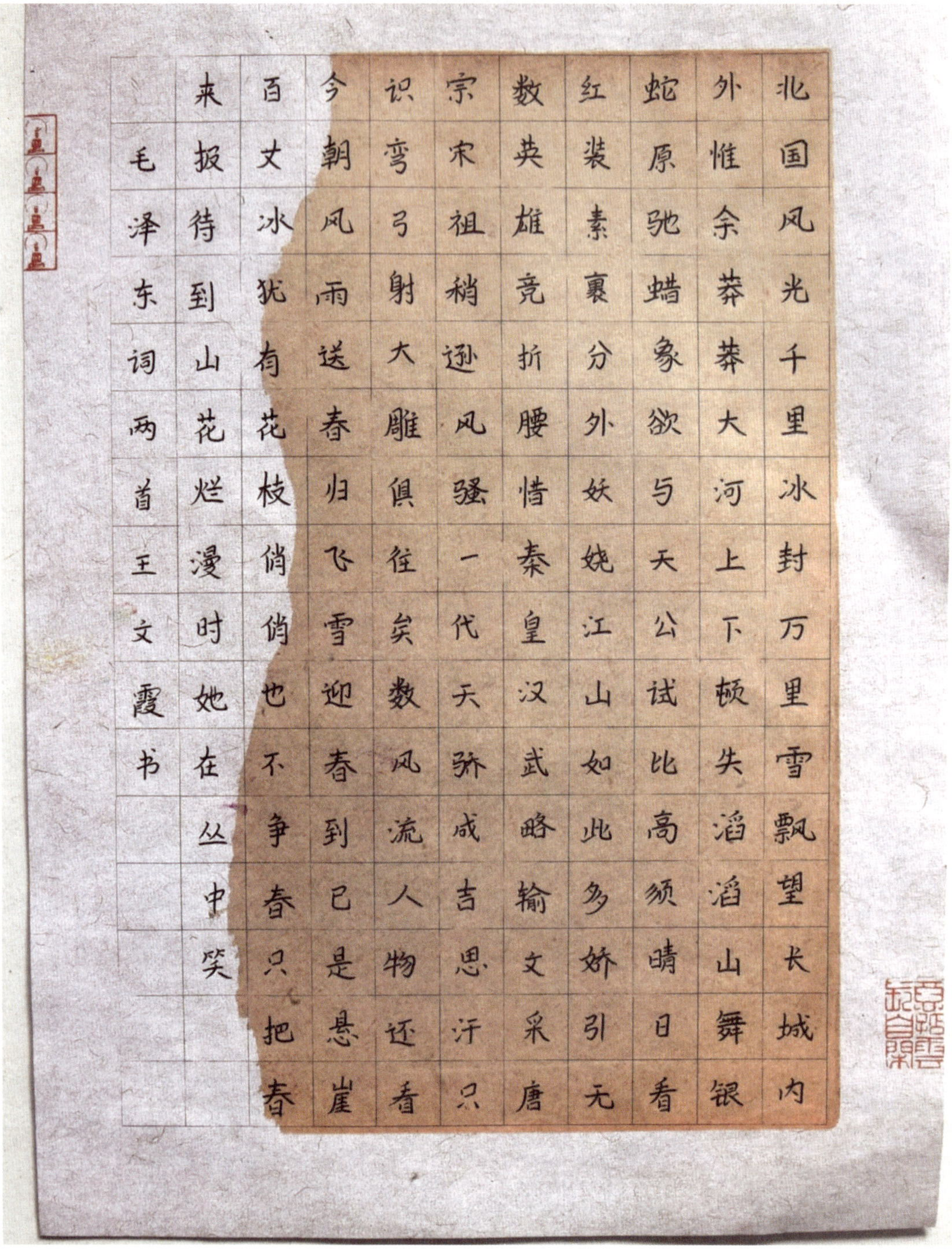
北国风光千里冰封万里雪飘望长城内
外惟余莽莽大河上下顿失滔滔山舞银
蛇原驰蜡象欲与天公试比高须晴日看
红装素裹分外妖娆江山如此多娇引无
数英雄竞折腰惜秦皇汉武略输文采唐
宗宋祖稍逊风骚一代天骄成吉思汗只
识弯弓射大雕俱往矣数风流人物还看
今朝风雨送春归飞雪迎春到已是悬崖
百丈冰犹有花枝俏俏也不争春只把春
来报待到山花烂漫时她在丛中笑
毛泽东词两首王文霞书

二等奖

王文霞（三十铺镇中心学校）

沁园春·长沙

独立寒秋，湘江北去，橘子洲头。看万山红遍，层林尽染；漫江碧透，百舸争流。鹰击长空，鱼翔浅底，万类霜天竞自由。怅寥廓，问苍茫大地，谁主沉浮？

携来百侣曾游，忆往昔峥嵘岁月稠。恰同学少年，风华正茂；书生意气，挥斥方遒。指点江山，激扬文字，粪土当年万户侯。曾记否，到中流击水，浪遏飞舟？

李梦凡

二等奖

李梦凡（三十铺镇中心学校）

二等奖

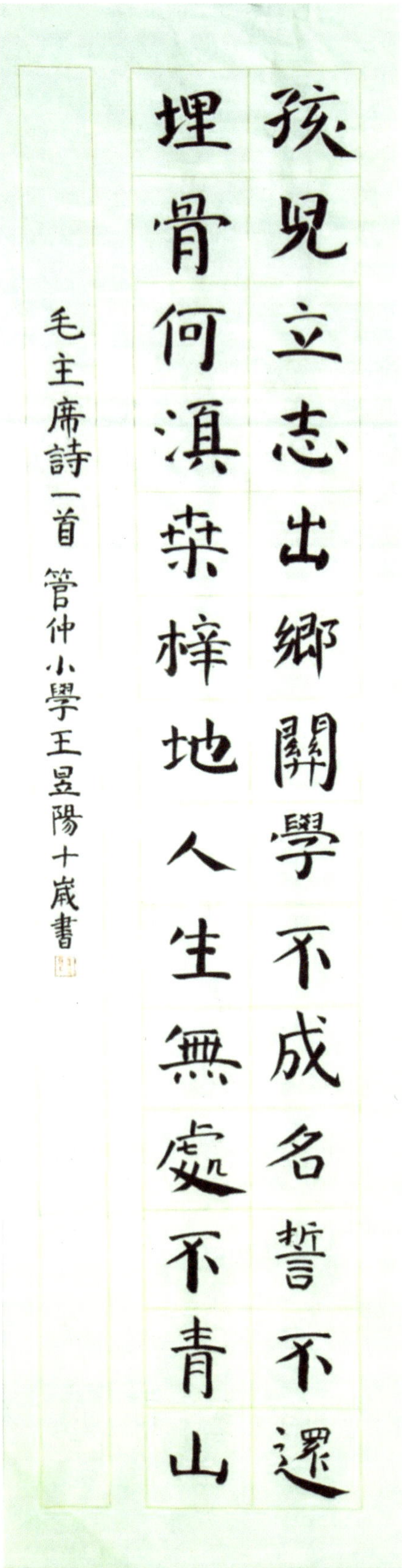
孩兒立志出鄉關學不成名誓不還
埋骨何須桑梓地人生無處不青山
毛主席詩一首 管仲小學王昱陽十歲書

王昱阳（崔中保工作室）

百年歷盡滄桑百年
吐咤風雲百年輝煌
行程百年名揚世界
黨啊我偉大的母親

歲次辛丑春月敏思小学朱悦悦書

二等奖

朱悦悦（南照镇敏思小学）

暮色蒼茫看勁松亂雲飛渡仍從容
天生一個仙人洞無限風光在險峰

毛主席詩一首管仲小學邵子陽九歲書

二等奖

邵子阳（崔中保工作室）

念奴嬌 追思焦裕禄

魂飛萬里盼歸來此水此山此地百姓誰不愛好官把淚焦桐成雨生也沙丘死也沙丘父老生死係暮雪朝霜毋改英雄意氣依然月明如昔思君夜夜肝膽長如洗路漫漫其脩遠矣兩袖清風來去為官一任造福一方遂了平生意綠我涓滴會它千頃澄碧習近平主席詞

辛丑初春馬詩媛

二等奖

马诗媛

（朱保华工作室）

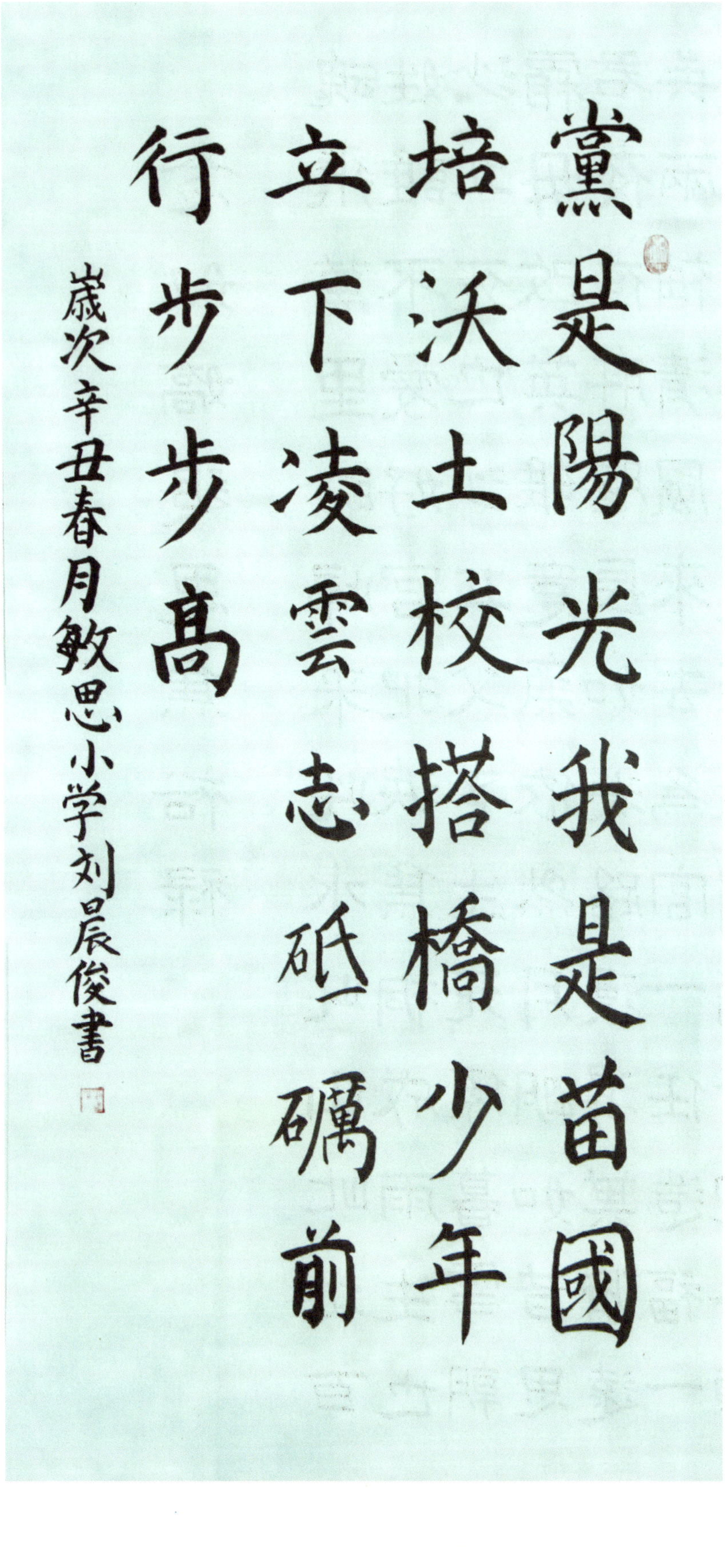
黨是陽光我是苗
國培沃土校搭橋
少年立下凌雲志
砥礪前行步步高
歲次辛丑春月敏思小学刘晨俊書

二等奖

刘晨俊

（南照镇敏思小学）

词三首

宋詞兩首
驛外斷橋邊寂寞開無主已是
黃昏獨自愁更著風和雨無意
苦爭春一任羣芳妒零落成泥
碾作塵只有香如故
缺月挂疏桐漏斷人初靜誰見
幽人獨往來縹緲孤鴻影驚起
卻回頭有恨無人省揀盡寒枝
不肯棲寂寞沙洲冷

碧雲天黃葉
地秋色連波波上
寒煙翠山映斜陽天接
水芳草無情更在斜陽
外黯鄉魂追旅思夜夜
除非好夢留人睡明月
樓高休獨倚酒入愁腸
化作相思淚
蘇幕遮
宋范文正

三等奖

王思悦（润河镇中心学校）

三等奖

刘子怡

（杨湖镇沫口学校）

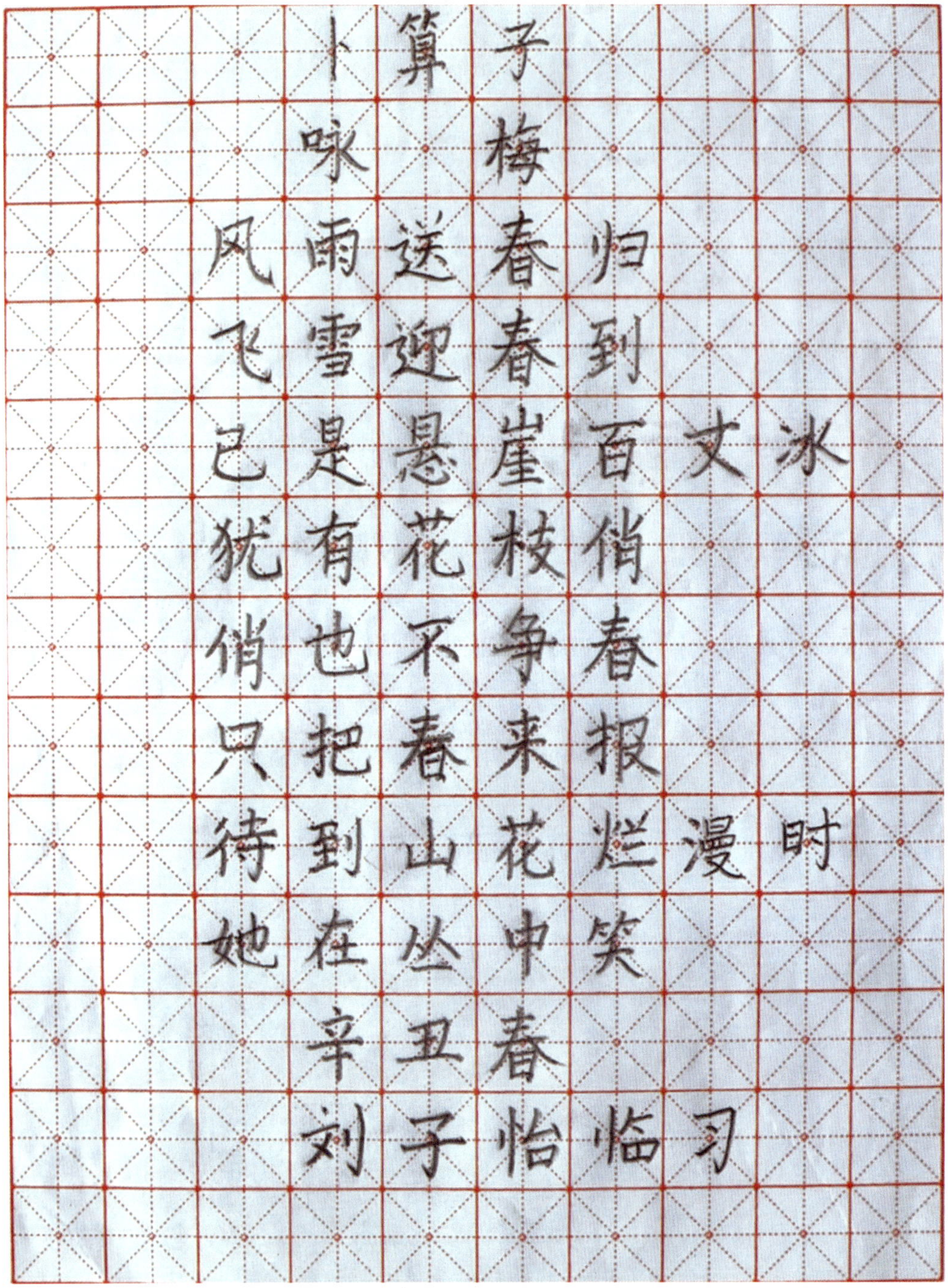
卜算子
咏梅
风雨送春归
飞雪迎春到
已是悬崖百丈冰
犹有花枝俏
俏也不争春
只把春来报
待到山花烂漫时
她在丛中笑
辛丑春
刘子怡临习

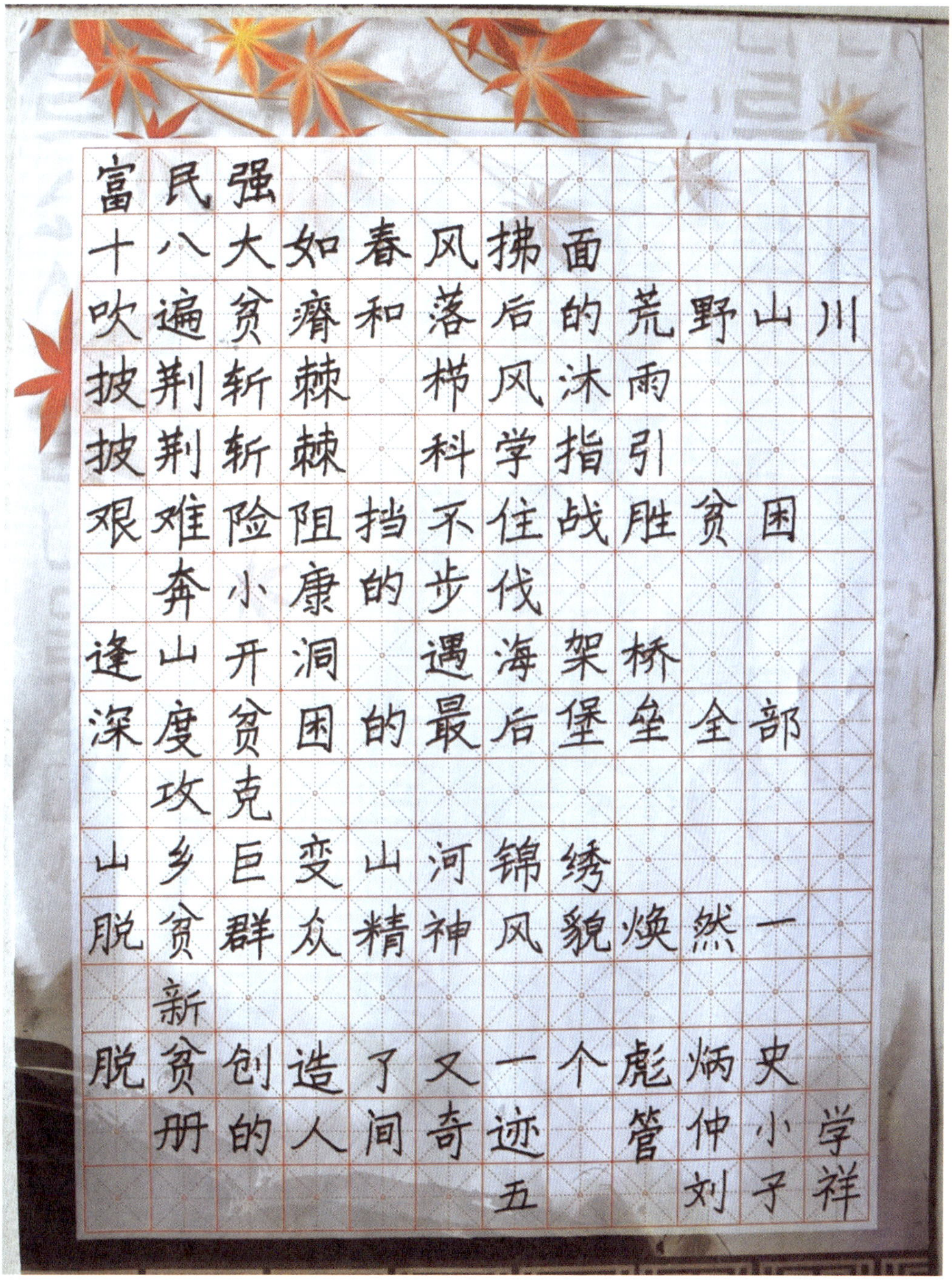
富民强
十八大如春风拂面
吹遍贫瘠和落后的荒野山川
披荆斩棘 栉风沐雨
披荆斩棘 科学指引
艰难险阻挡不住战胜贫困
奔小康的步伐
逢山开洞 遇海架桥
深度贫困的最后堡垒全部
攻克
山乡巨变山河锦绣
脱贫群众精神风貌焕然一
新
脱贫创造了又一个彪炳史
册的人间奇迹 管仲小学
五 刘子祥

三等奖

刘子祥（管仲小学）

青松

大雪壓青松青松挺且直要知松高潔待到雪化時

陳毅詩一首時在辛丑春三月朱梓彤書於慎

三等奖

朱梓彤（朱保华工作室）

三等奖

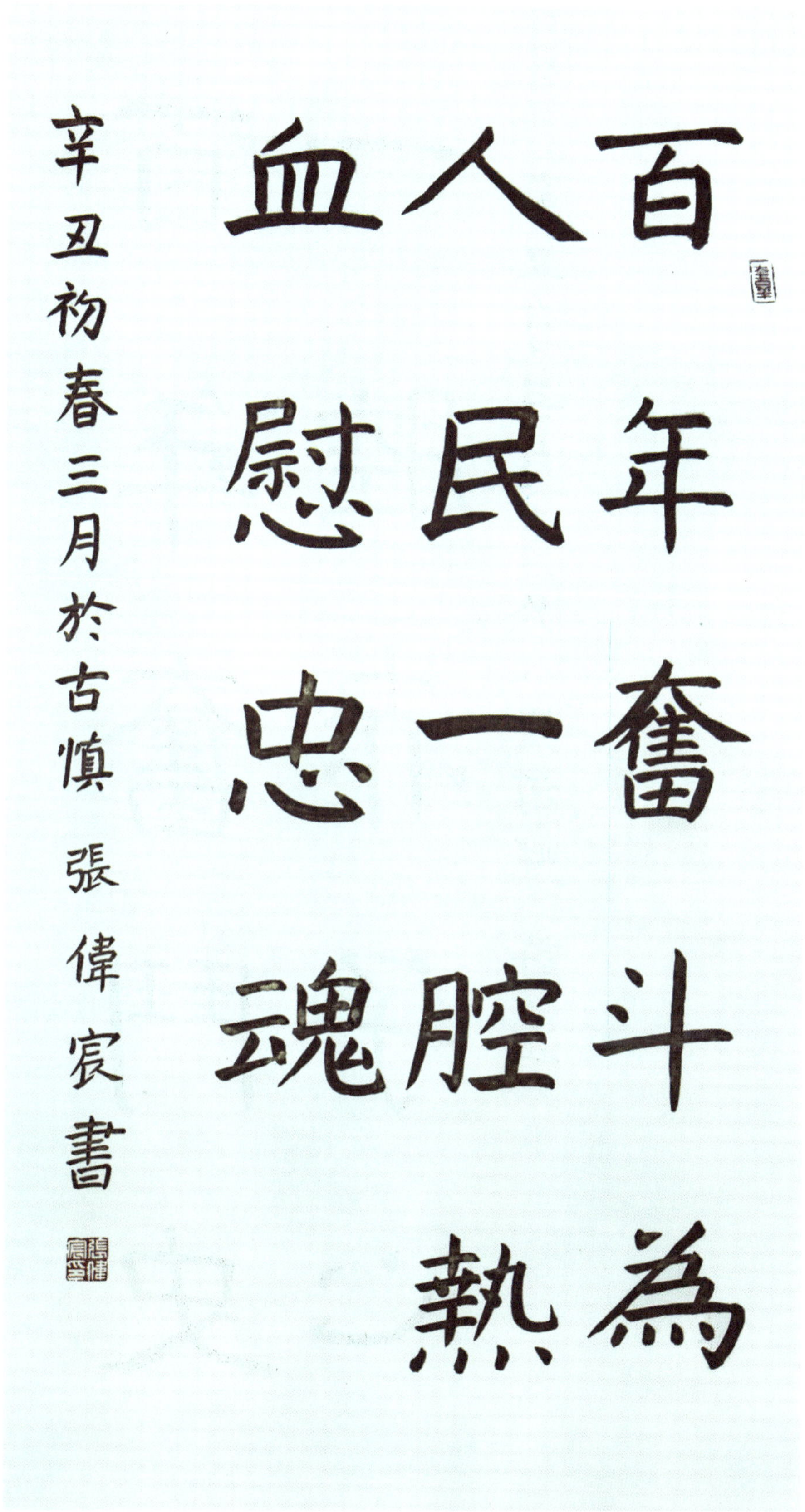
百年奮斗為
人民一腔熱
血慰忠魂
辛丑初春三月於古慎 張偉宸書

张伟宸（朱保华工作室）

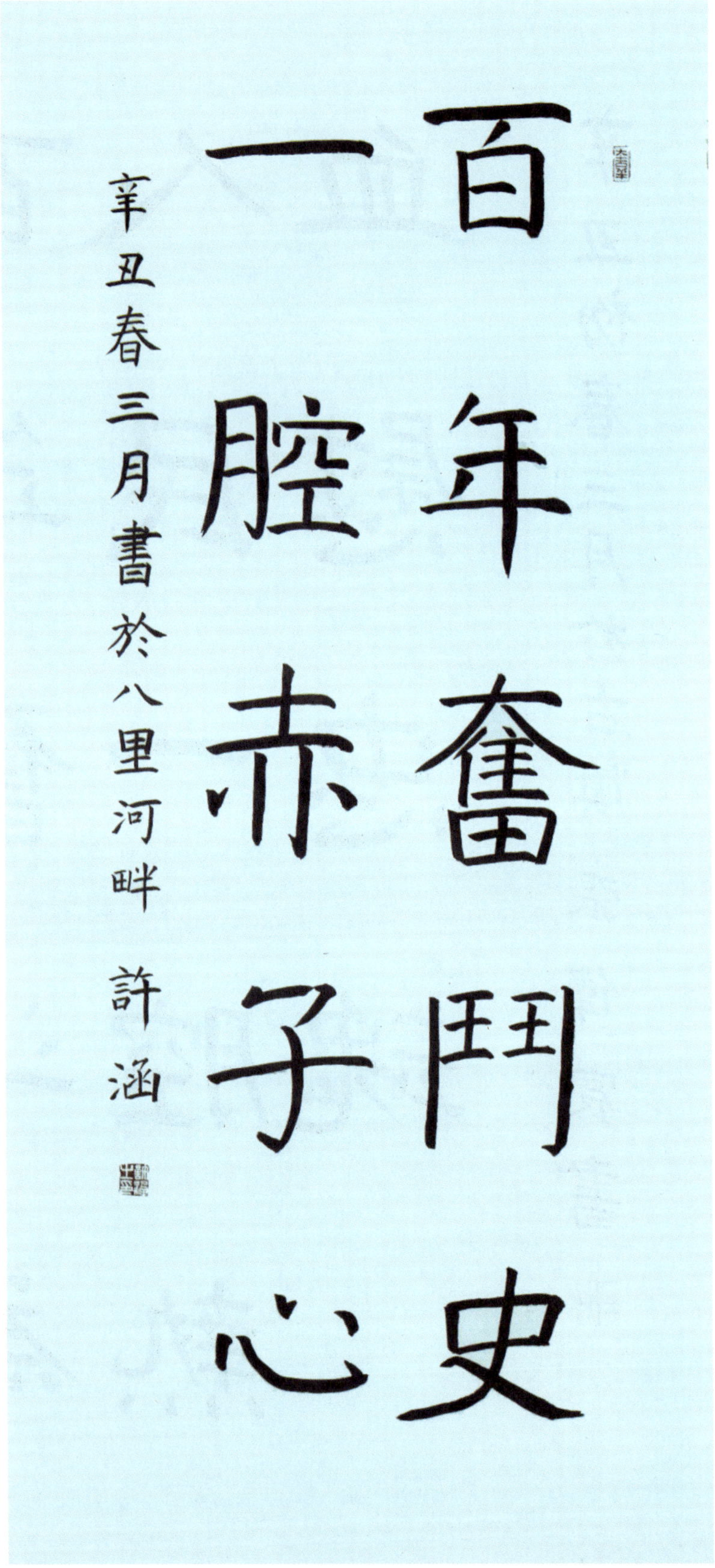
百年奮鬥史
一腔赤子心
辛丑春三月書於八里河畔 許涵

三等奖

许 涵（朱保华工作室）

吾愿

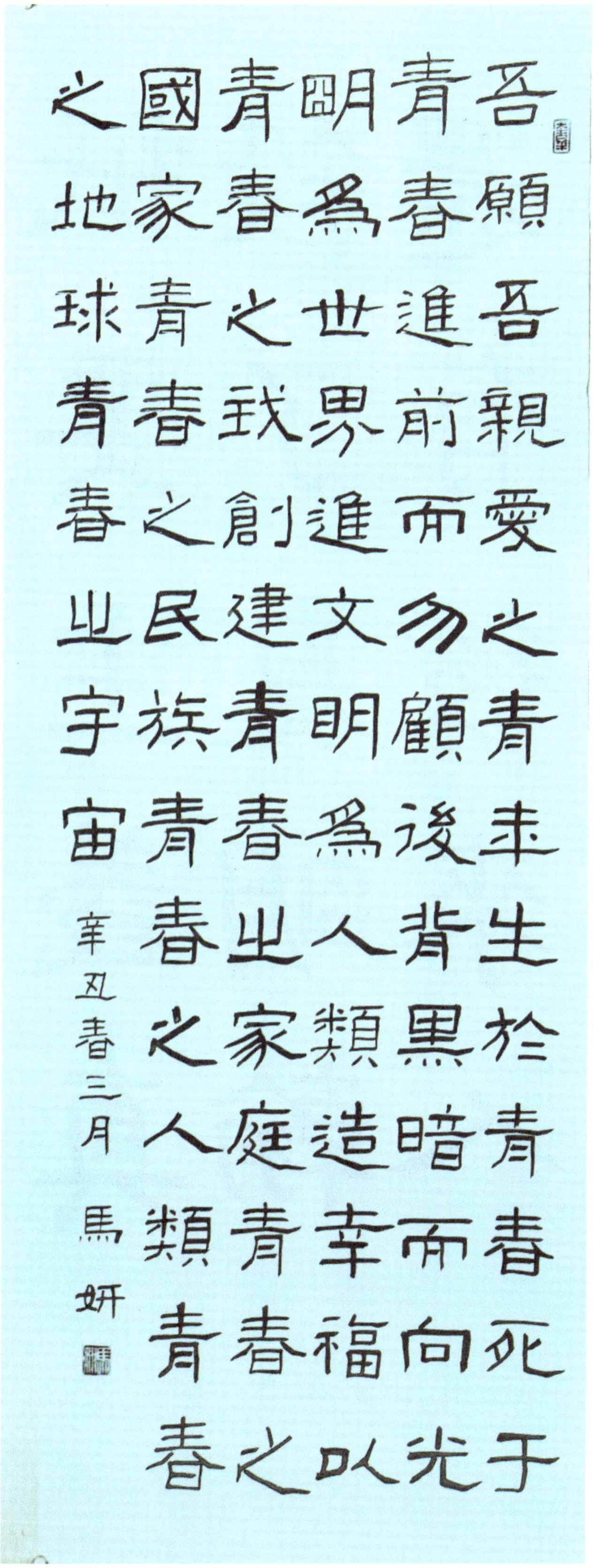
吾願吾親愛之青春生於青春死于
青春進前而勿顧後背黑暗而向光
明為世界進文明為人類造幸福以
青春之我創建青春之家庭青春之
國家青春之民族青春之人類青春
之地球青春之宇宙
辛丑春三月 馬妍

三等奖

马妍

（朱保华工作室）

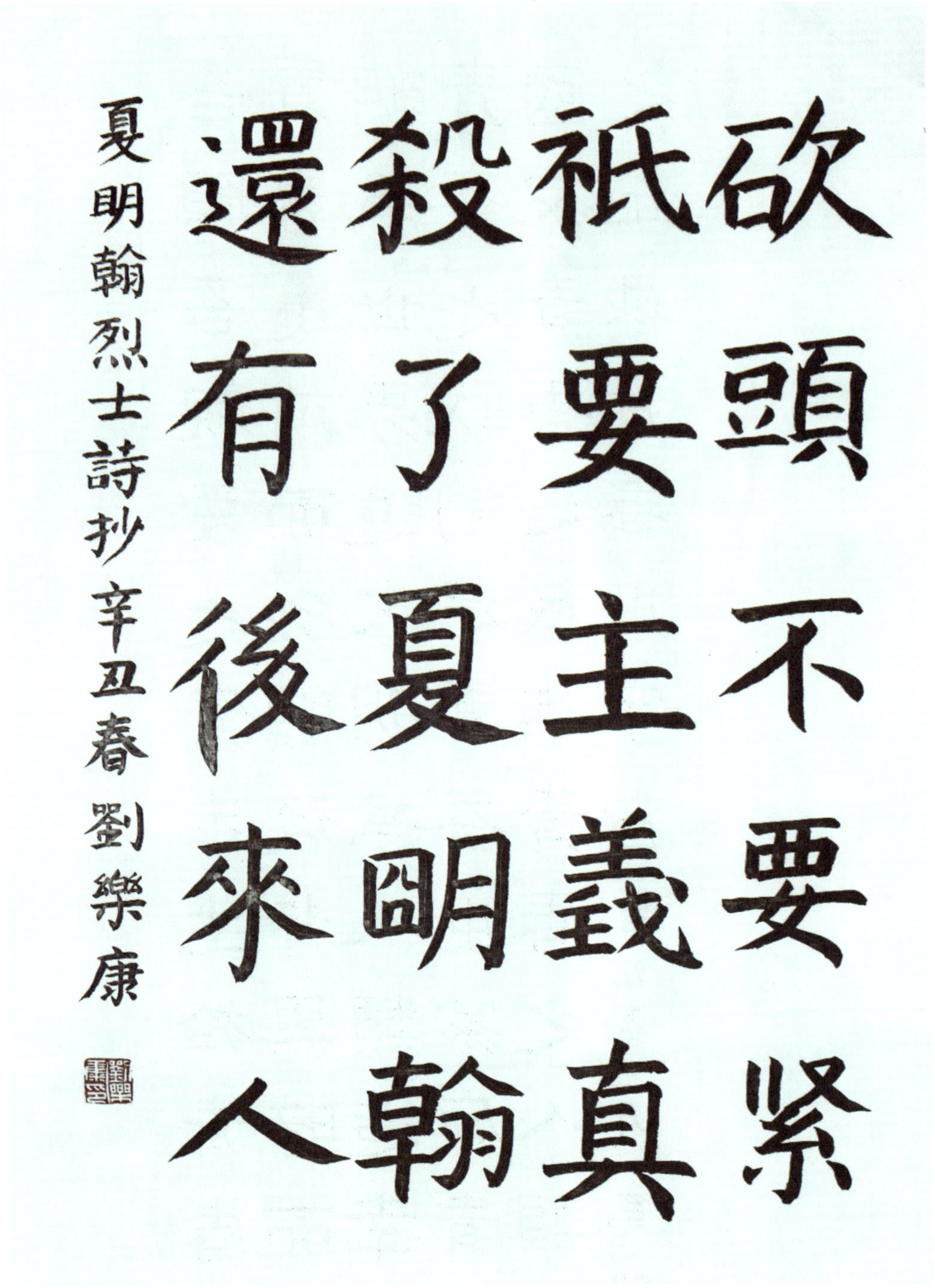
砍頭不要緊
祇要主義真
殺了夏明翰
還有後來人
夏明翰烈士詩抄辛丑春劉樂康

三等奖

刘乐康

（朱保华工作室）

三等奖

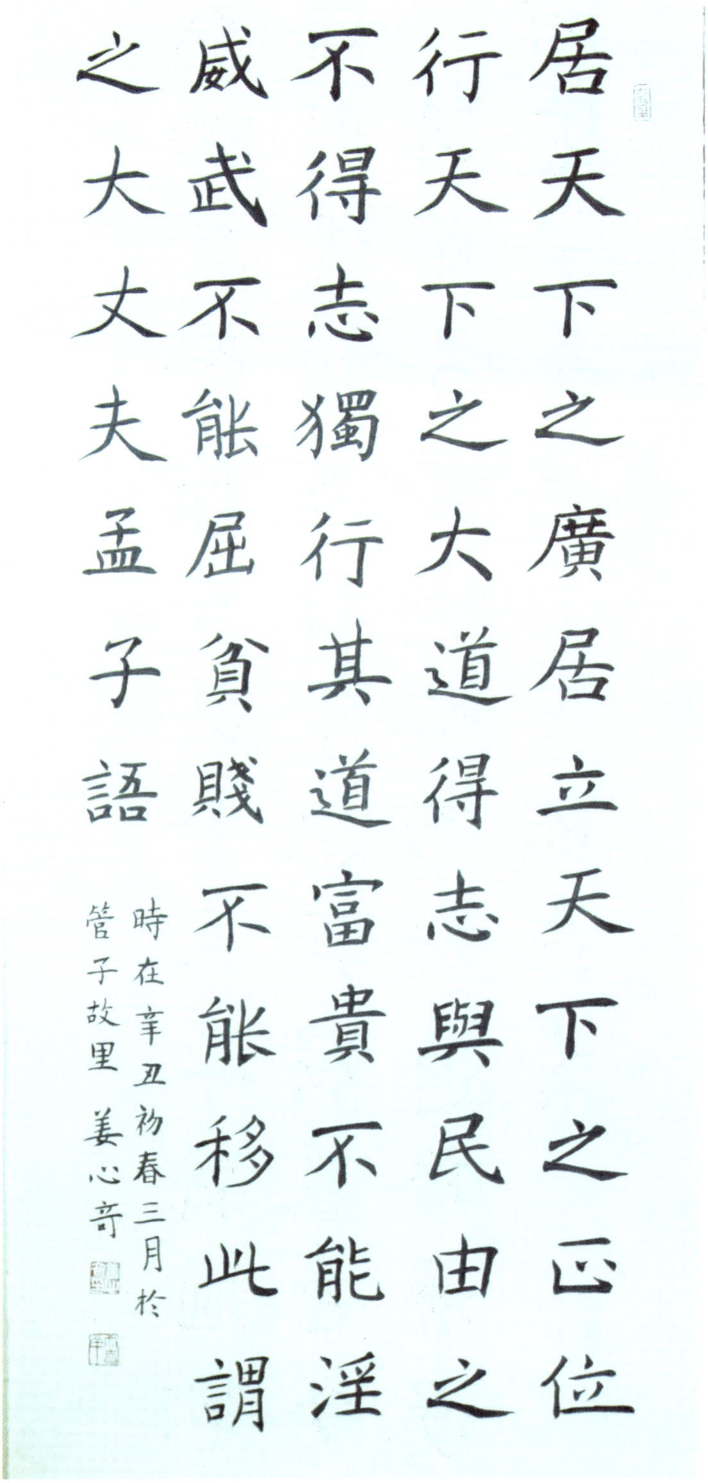
居天下之廣居立天下之正位
行天下之大道得志與民由之
不得志獨行其道富貴不能淫
威武不能屈貧賤不能移此謂
之大丈夫孟子語
時在辛丑初春三月於
管子故里 姜心奇

姜心奇
（朱保华工作室）

离骚（节录）

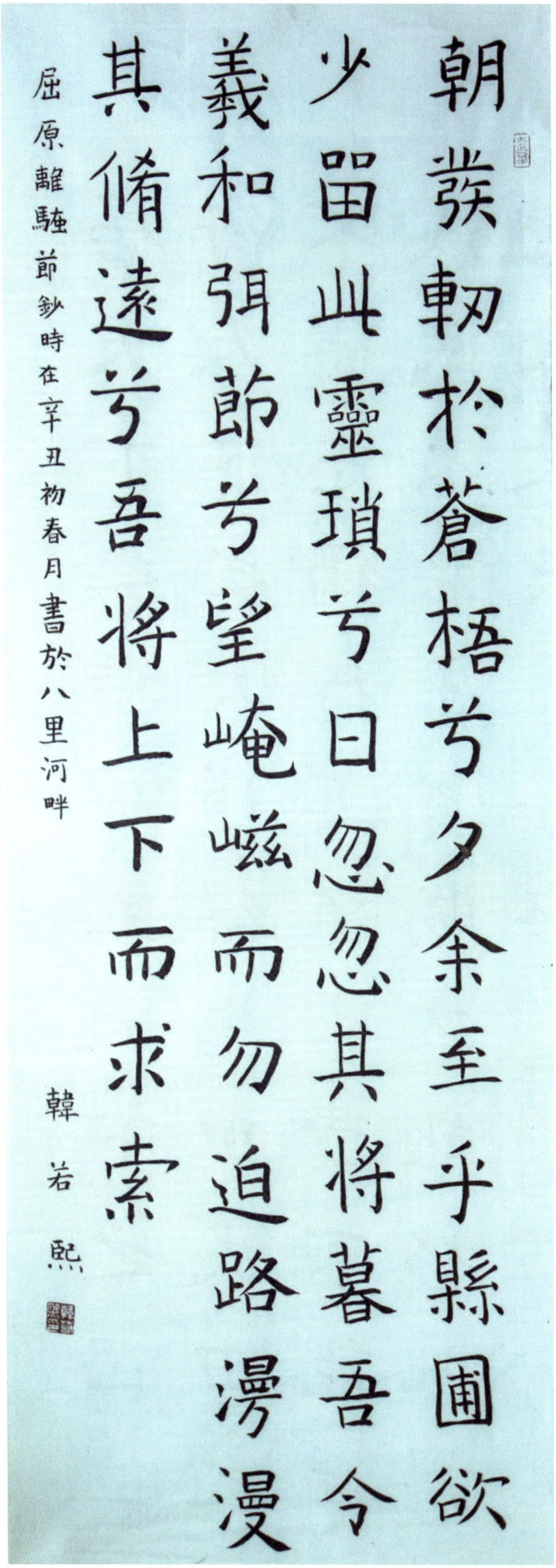
朝發軔於蒼梧兮夕余至乎縣圃欲
少留此靈瑣兮日忽忽其將暮吾令
羲和弭節兮望崦嵫而勿迫路漫漫
其脩遠兮吾將上下而求索
屈原離騷節鈔時在辛丑初春月書於八里河畔
韓若熙

三等奖

韩若熙

（朱保华工作室）

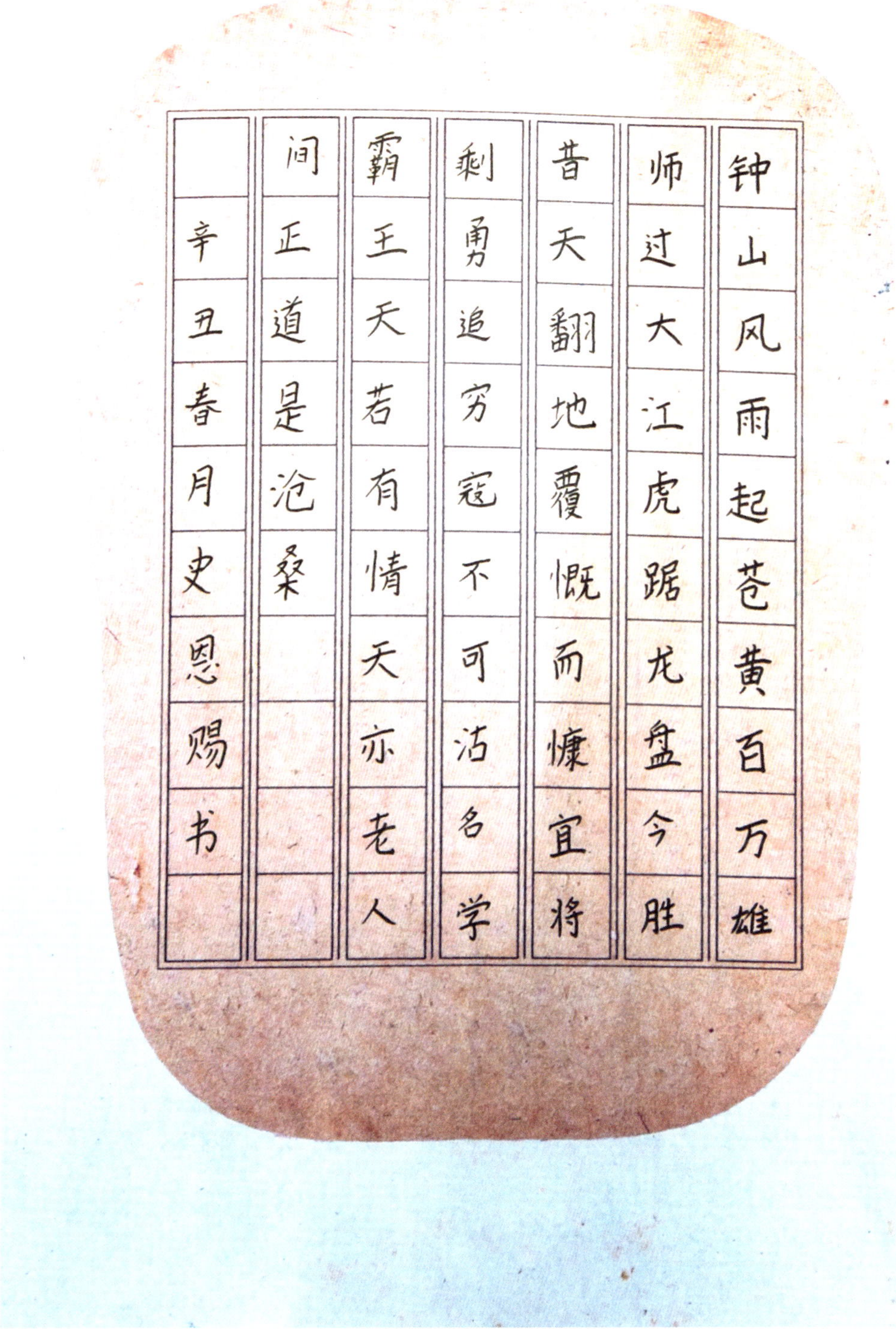
钟山风雨起苍黄百万雄
师过大江虎踞龙盘今胜
昔天翻地覆慨而慷宜将
剩勇追穷寇不可沽名学
霸王天若有情天亦老人
间正道是沧桑
辛丑春月史恩赐书

七律·人民解放军占领南京

三等奖

史恩赐

（西三十铺镇南环路学校）

三等奖

李嘉乐

（三十铺镇中心校）

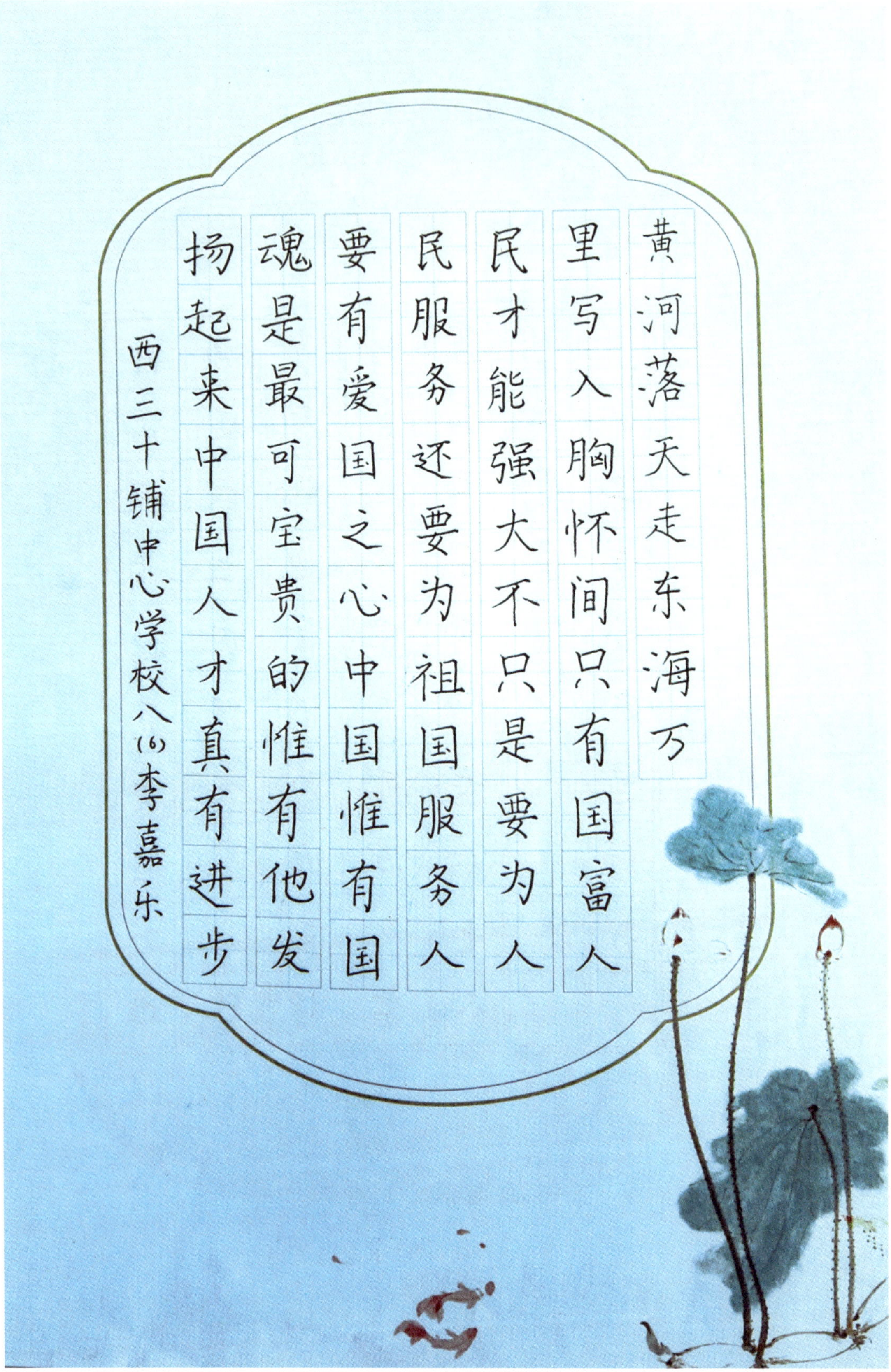
黄河落天走东海万

里写入胸怀间只有国富人

民才能强大不只是要为人

民服务还要为祖国服务人

要有爱国之心中国惟有国

魂是最可宝贵的惟有他发

扬起来中国人才真有进步

西三十铺中心学校八(6)李嘉乐

七律·人民解放军占领南京

三等奖

余思恺（颍上县实验小学）

鐘山風雨起蒼黄百萬雄師過
大江虎踞龍盤今勝昔天翻地
覆慨而慷宜将剩勇追窮寇不
可沽名學霸王天若有情天亦
老人間正道是滄桑

辛丑春
余思愷書

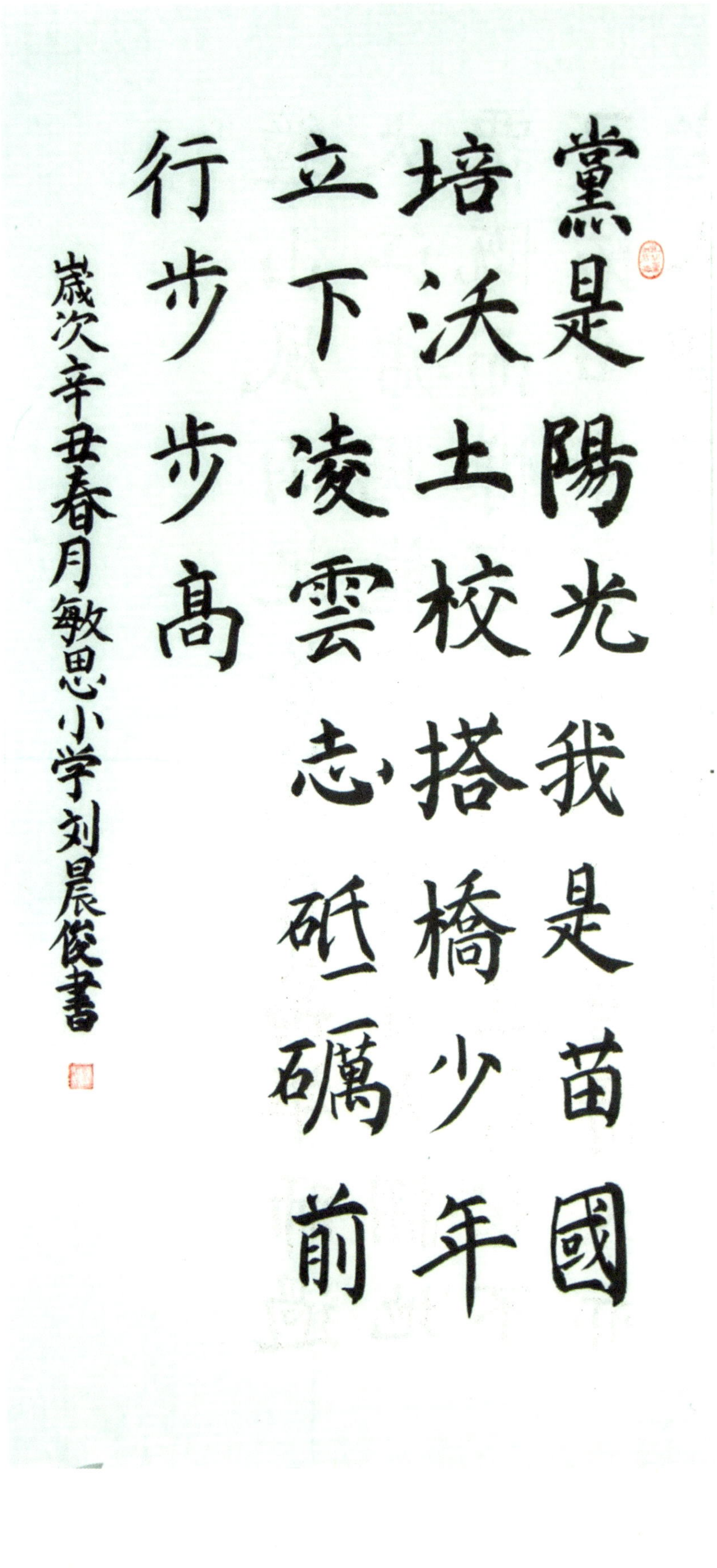
黨是陽光我是苗
培沃土校搭橋少年
立下凌雲志砥礪前
行步步高
歲次辛丑春月敏思小学刘晨俊書

三等奖

刘晨俊

（南照镇敏思小学）

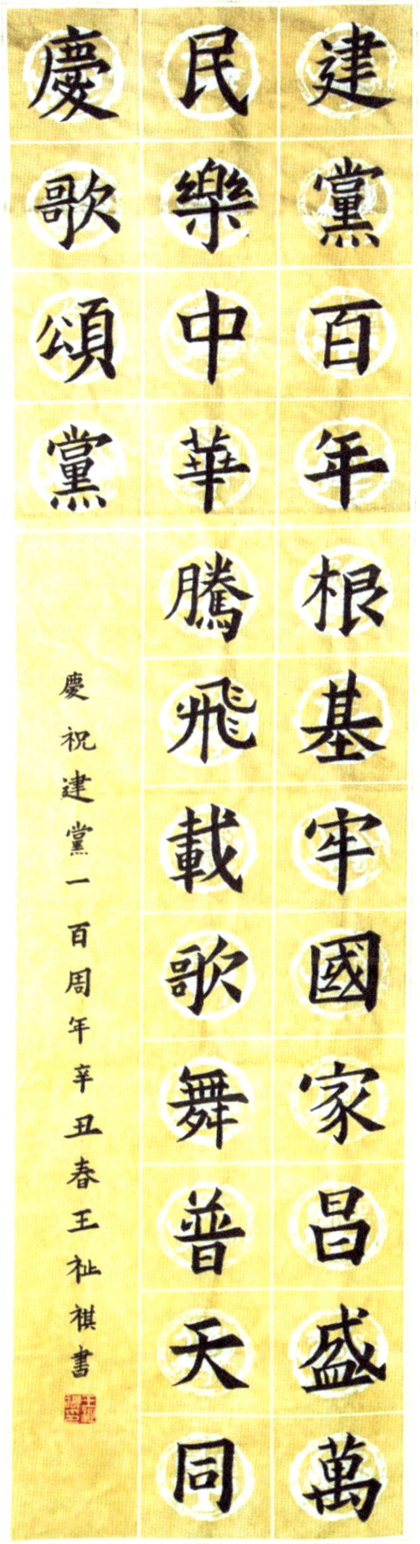
建黨百年根基牢國家昌盛萬
民樂中華騰飛載歌舞普天同
慶歌頌黨
慶祝建黨一百周年辛丑春王祉祺書

三等奖

王祉祺（管仲小学）

坐久苍苔如见侵

三等奖

坐久苍苔如见
侵携筇随水就
轻阴松声似厌
滩声小云影旋
移山色深白日
不到处青春恰
自来苔花如米
小也学牡丹开
康圣宇书

康圣宇（明日之星）

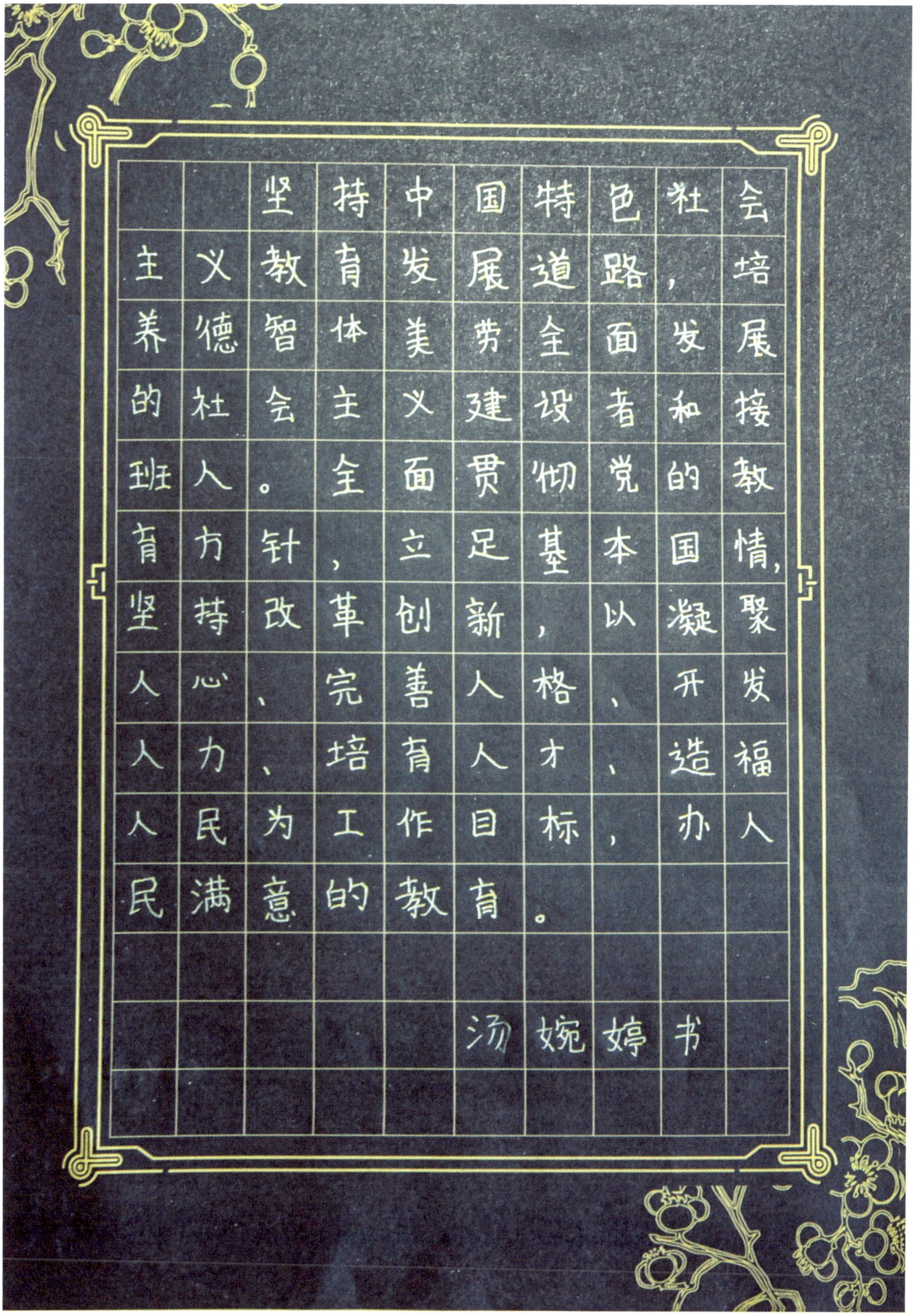
坚持中国特色社会
主义教育发展道路，培
养德智体美劳全面发展
的社会主义建设者和接
班人。全面贯彻党的教
育方针，立足基本国情，
坚持改革创新，以凝聚
人心、完善人格、开发
人力、培育人才、造福
人民为工作目标，办人
民满意的教育。
汤婉婷书

坚持

三等奖

汤婉婷（迪沟镇中心校）

三等奖

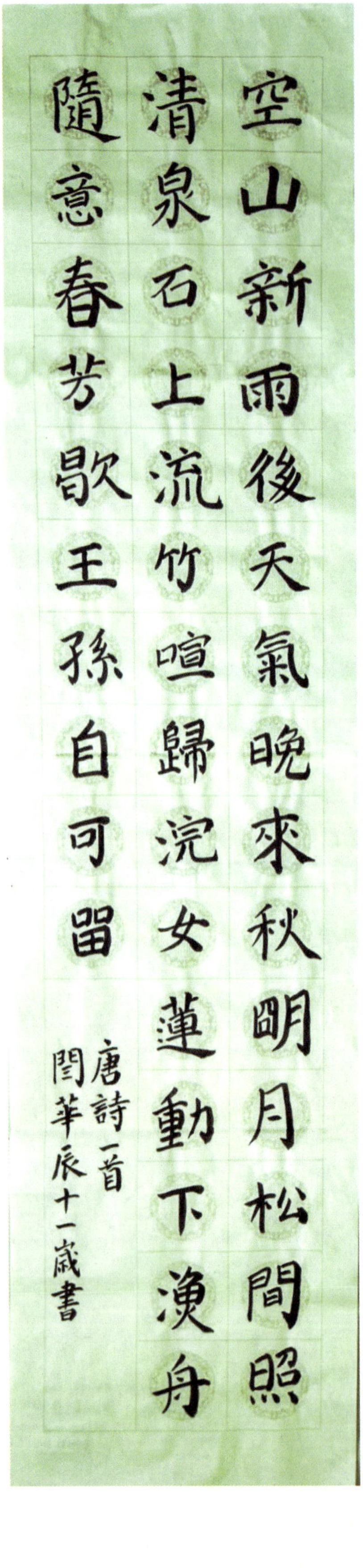
空山新雨後天氣晚來秋明月松間照
清泉石上流竹喧歸浣女蓮動下漁舟
隨意春芳歇王孫自可留
唐詩一首
閆華辰十一歲書

闫华辰

（崔中保工作室）

红梅

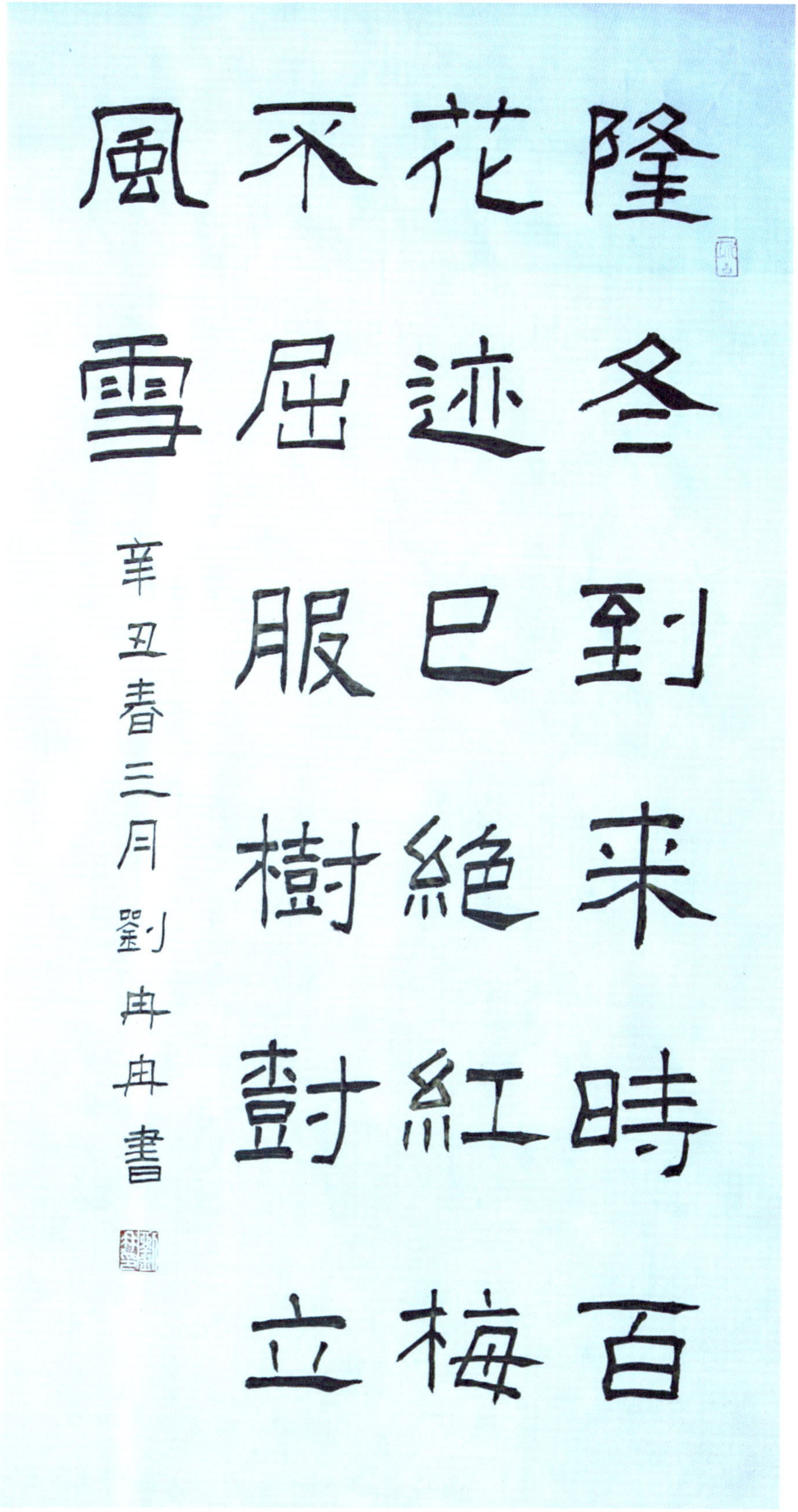
隆冬到来時百
花迹已絶紅梅
不屈服樹對立
風雪
辛丑春三月劉冉冉書

优秀奖

刘冉冉（朱保华工作室）

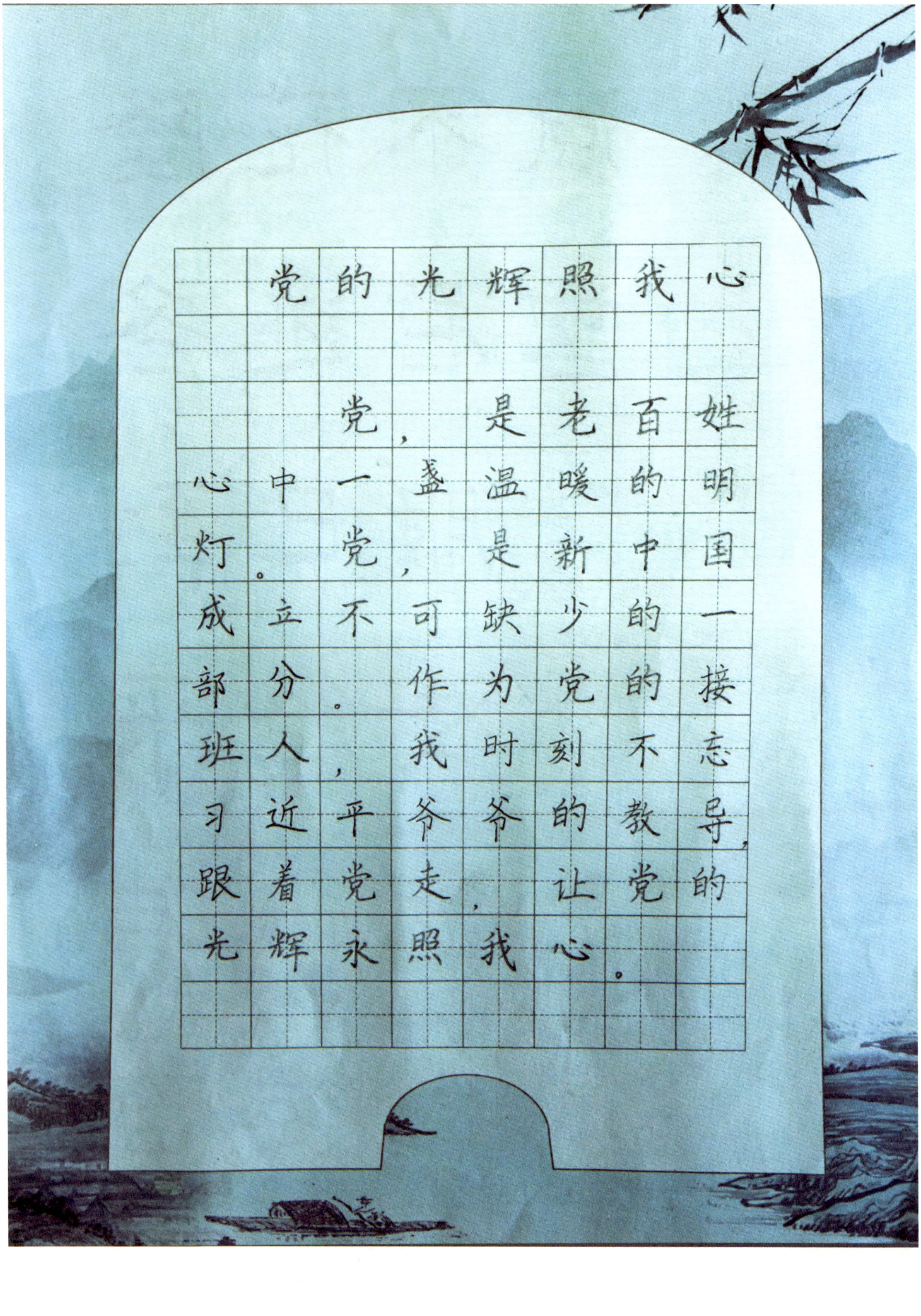

党的光辉照我心

党，是老百姓心中一盏温暖的明灯。党，是新中国成立不可缺少的一部分。作为党的接班人，我时刻不忘习近平爷爷的教导，跟着党走，让党的光辉永照我心。

优秀奖

李思成（慎城镇第二小学）

西江月·井冈山

毛泽东

山下旌旗在望，
山头鼓角相闻。
敌军围困万千重，
我自岿然不动。
早已森严壁垒，
更加众志成城。
黄洋界上炮声隆，
报道敌军宵遁。

陈习
南四5班

优秀奖

陈习（慎城镇第二小学）

优秀奖

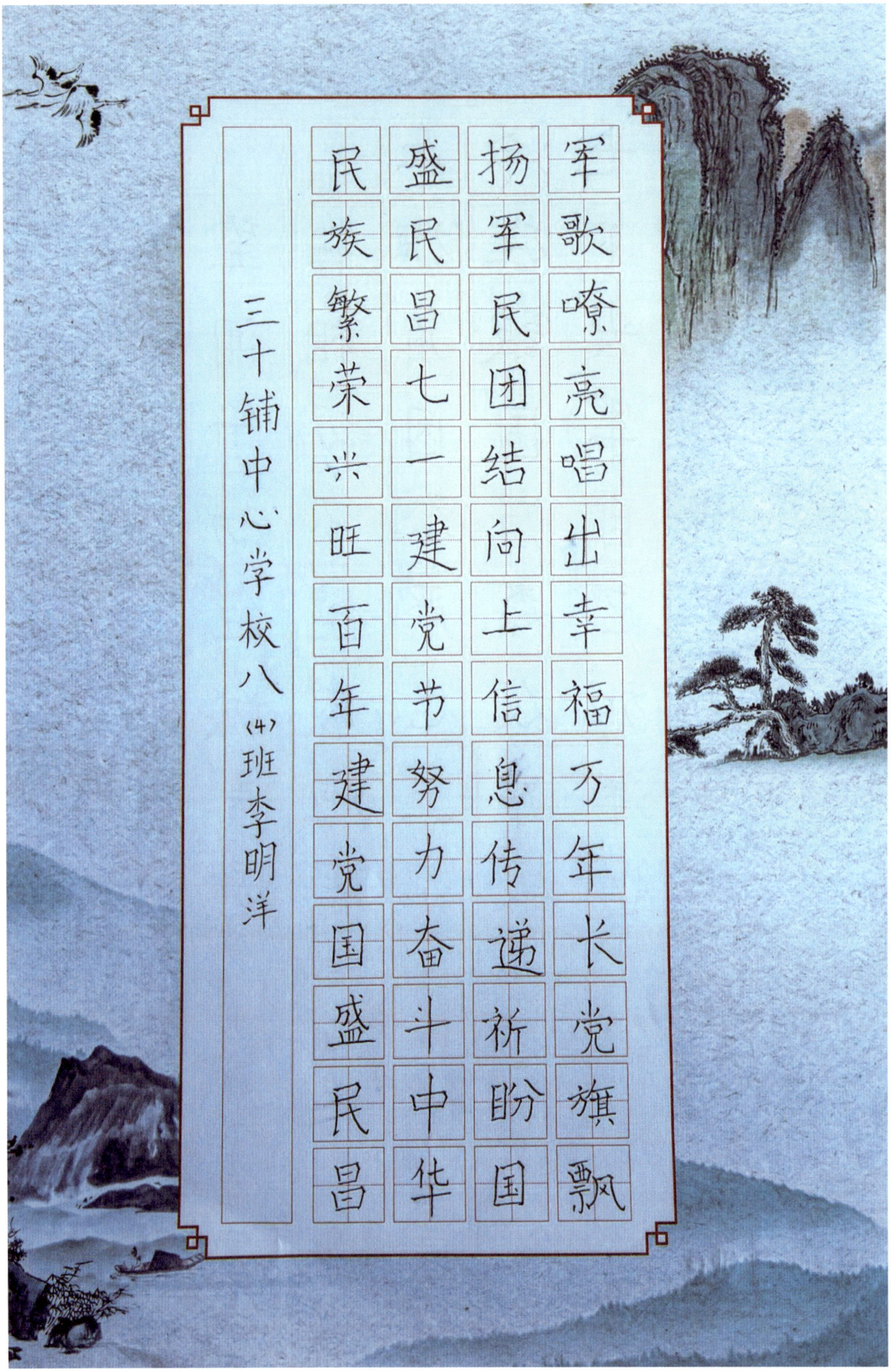
军歌嘹亮唱出幸福万年长党旗飘
扬军民团结向上信息传递祈盼国
盛民昌七一建党节努力奋斗中华
民族繁荣兴旺百年建党国盛民昌
三十铺中心学校八(4)班李明洋

李明洋（三十铺镇中心校）

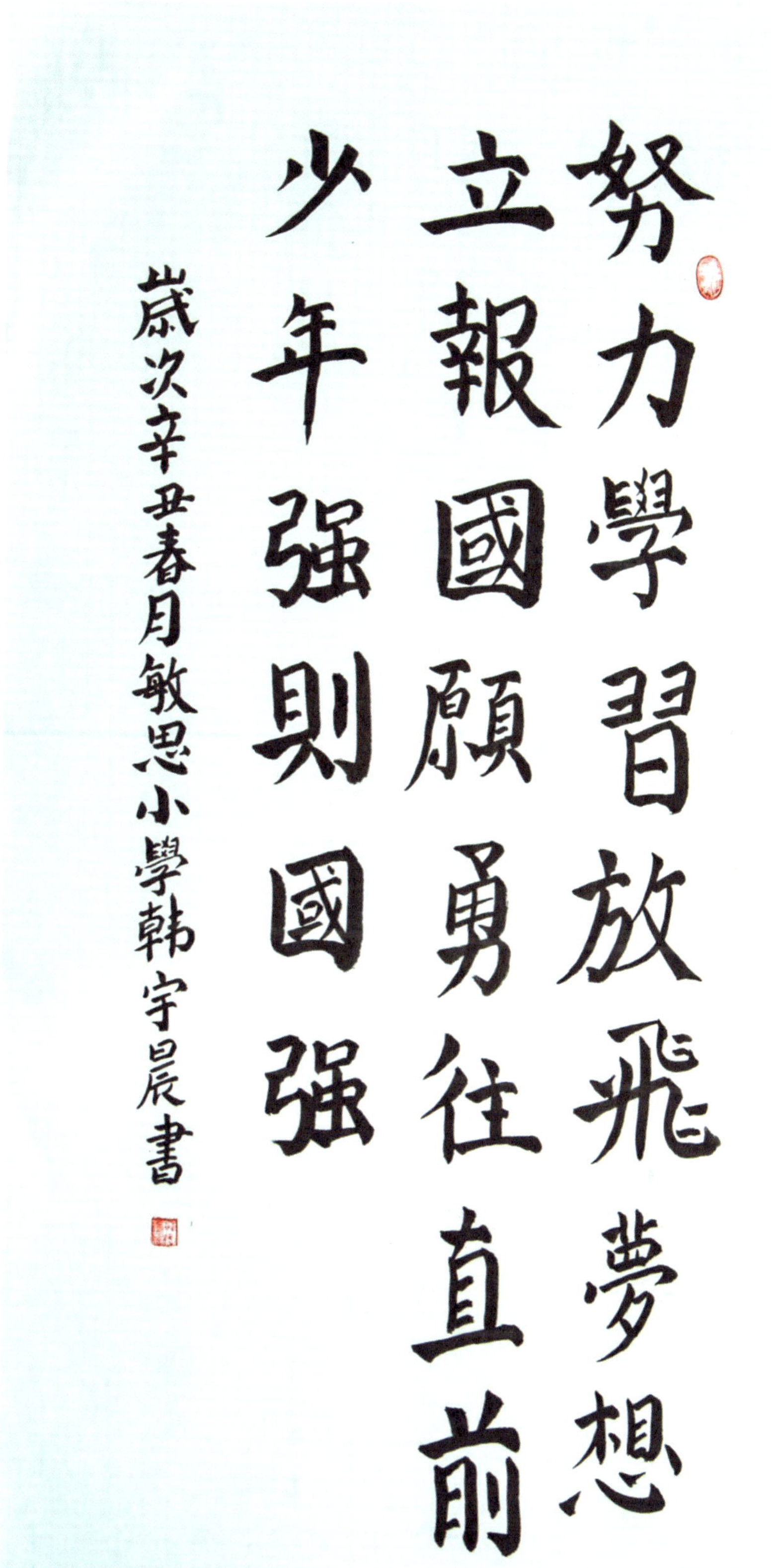
努力學習放飛夢想
立報國願勇往直前
少年强則國强
歲次辛丑春月敏思小學韓宇晨書

努力学习

优秀奖

韩宇晨

（南照镇敏思学校）

早发白帝城

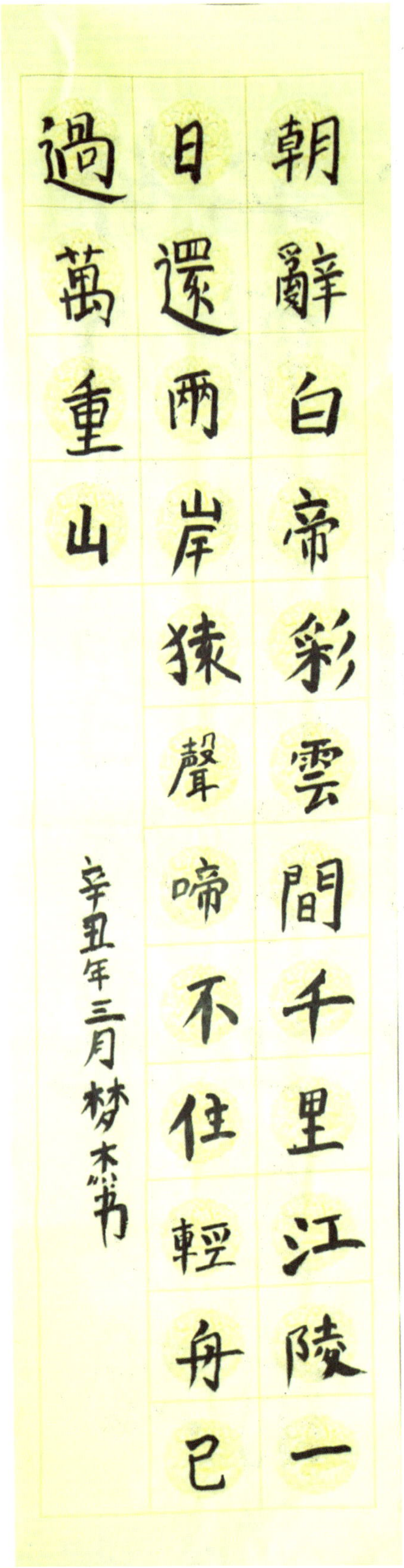
朝辭白帝彩雲間千里江陵一
日還兩岸猿聲啼不住輕舟已
過萬重山
辛丑年三月梦杰书

优秀奖

杨梦杰

（六十铺镇中心校）

东方红

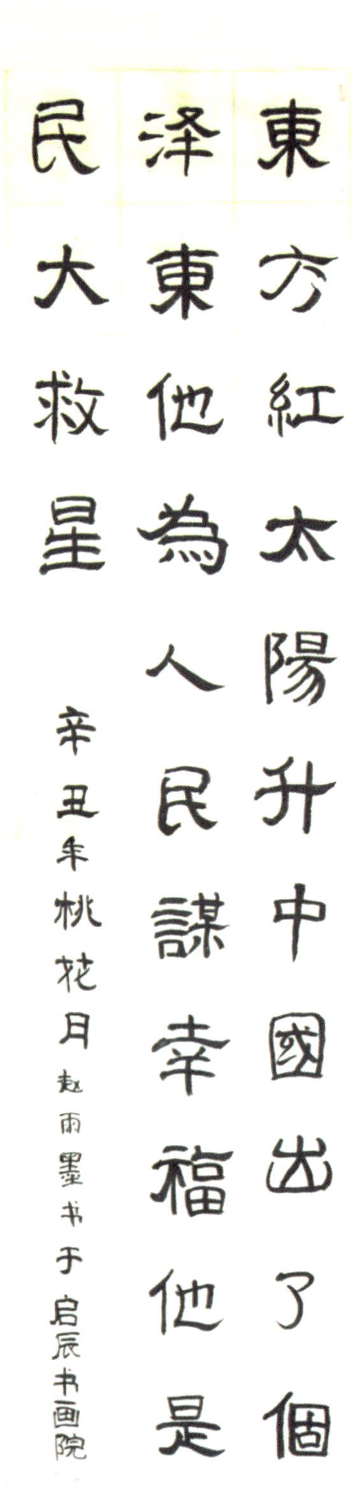
東方紅太陽升中國出了個毛
澤東他為人民謀幸福他是人
民大救星
辛丑年桃花月
赵雨墨书于启辰书画院

优秀奖

赵宇墨（六十铺镇中心校）

青松

大雪壓青松青松
挺且直要知松高
潔待到雪化時
陳毅詩一首 辛丑初春 劉樂康書

优秀奖

刘乐康（管仲小学）

紅軍不怕遠征難萬水千山只等閑五嶺
逶迤騰細浪烏蒙磅礴走泥丸金沙水拍
雲崖暖大渡橋橫鐵索寒更喜岷山千里
雪三軍過後盡開顏

辛丑年春月 刘梦迪书

优秀奖

刘梦迪（六十铺镇中心校）

七律·人民解放军占领南京

优秀奖

韩雨晨（管仲小学）

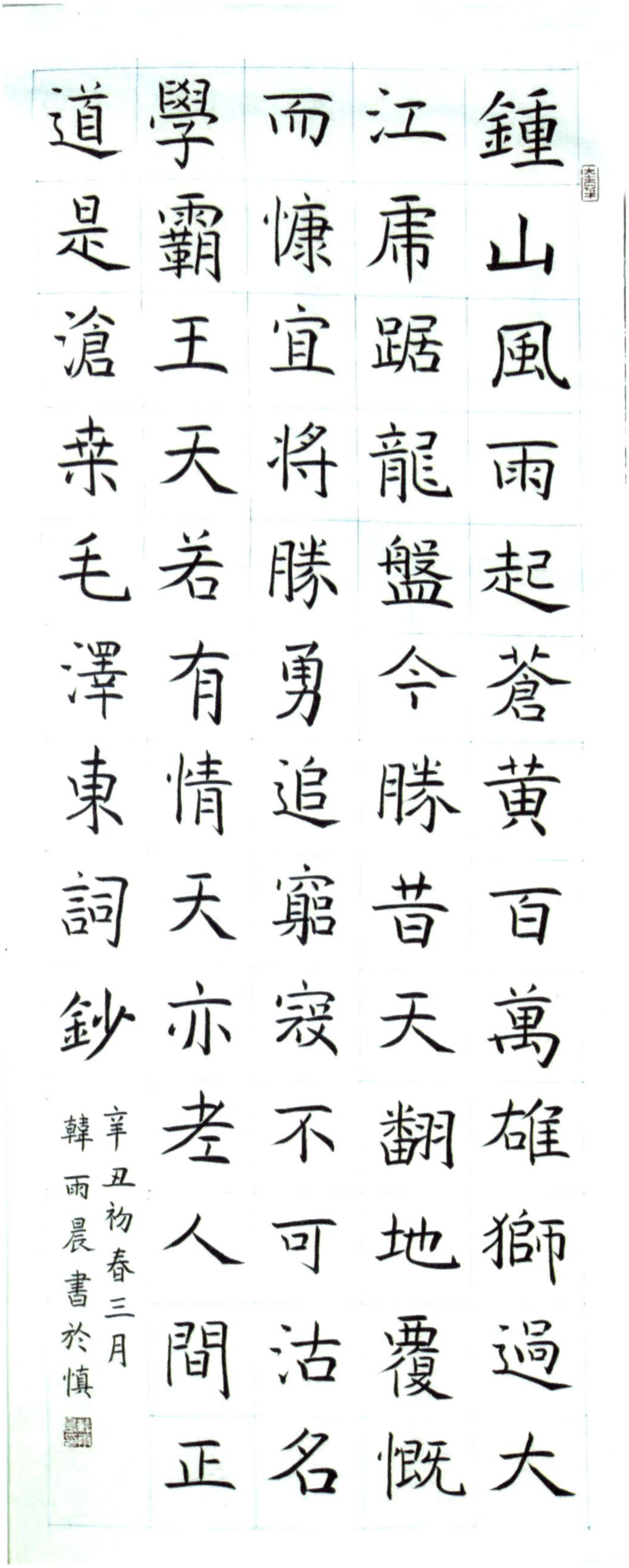
鍾山風雨起蒼黃百萬雄獅過大
江虎踞龍盤今勝昔天翻地覆慨
而慷宜將賸勇追窮寇不可沽名
學霸王天若有情天亦老人間正
道是滄桑毛澤東詞鈔
辛丑初春三月
韓雨晨書於慎

绘画

一等奖

沈紫怡（十八里铺镇中心校）

齐欢乐

一等奖

王子涵（实验小学）

大手

一等奖

马雨晨（实验小学）

一等奖

白柳汐（慎城镇第二小学）

嫩芽

童心
向党

一等奖

郑欣冉（赛涧乡中心学校）

党
向
心
童

一等奖

唐诗柔（赛涧乡中心学校）

吹号

一等奖

张云静（润河镇中心学校）

童心向党

一等奖

解雨辰（管仲小学）

敬礼

颍上县八里河镇
爱心幼儿园
大班：徐紫依
指导老师：朱雨佳
100

一等奖

徐紫依（八里河镇爱心幼儿园）

和平鸽

一等奖

曾令航

（管仲小学）

向日葵

二等奖

卜雨欣

（明日之星舞蹈学校）

叠罗汉

二等奖

汤浩源（实验幼儿园）

守护

1921
2021

二等奖

张子聪

（慎城镇第二小学）

二等奖

沈心

（慎城镇第二小学）

二等奖

马灵俐（慎城镇第二小学）

二等奖

张克豪（润河镇中心小学）

党的光辉照我心

二等奖

杨凤晴（赛涧乡中心小学）

代
时
新

三等奖

杨凤晴

（赛涧乡中心小学）

二等奖

马嫚（南照镇中心校）

舞

二等奖

聂俊琪（龙门画室）

丰收

二等奖

江迪（龙门画室）

出发

二等奖

杜欣悦（龙门画室）

信

二等奖

李欣怡

（关屯乡中心小学）

龙

100周年
1921
2021
中国梦

二等奖

闫施宇

（关屯乡中心小学）

嬉戏

二等奖

高墨（迪沟镇中心校）

童心
向党
100

二等奖

官静雅（八里河镇爱心幼儿园）

对比

二等奖

蒋思雨（赛涧乡中心学校）

浪

三等奖

蒋墨涵

（赛涧乡中心小学）

1921—2021
100年
党的光辉照我心
中华人民共和国万岁
世界人民大团结万岁

三等奖

穆雨彤

（赛涧乡中心小学）

辉煌

中
國
5G

三等奖

吴心怡

八三许慧婷 李燕指导
管仲故里

三等奖

许慧婷

歌唱

三等奖

刘思雨（龙门画室）

奔月

CHINA

三等奖

邢善宇（明日之星）

和谐号

和谐号

三等奖

穆伟齐

（慎城镇第二小学南区）

我爱我的祖国

三等奖

白柚汐
（慎城镇第二小学南区）

新时代

代 时 新

三等奖

董欣妍（慎城镇第二小学）

母亲

三等奖

郑欣（赛润乡中心小学）

母亲

三等奖

谢冉（明日之星）

三等奖

汪名伟（润河镇中心学校）

动车

三等奖

蒋小雨

（赛涧乡中心小学）

2021

三等奖

马长婷（明日之星）

100

三等奖

沈心（龙门画室）

鹿

三等奖

吴琦琦（龙门画室）

鲸

三等奖

宫单洁（龙门画室）

滑冰

三等奖

马可（龙门画室）

从游乐场到动物园

游乐场
动物园

三等奖

高梦莹（龙门画室）

长城

三等奖

高泽朕（关屯乡中心小学）

女孩

三等奖

杜欣悦（龙门画室）

向太阳

三等奖

王艺馨

（古城镇中心小学）

院書洲河

三等奖

王家颍

（关屯乡中心小学）

祝福

福

三等奖

冯安妮（古城镇中心小学）

三等奖

张子欣（迪沟镇中心学校）

向太阳

三等奖

闫若琳（八里河镇爱心幼儿园）

硕果

硕果

优秀奖

王硕（江店孜镇中心学校）

玉兰

玉蘭

优秀奖

张怡馨（明日之星）

祖国万岁！
一方有难
八方出力
中
国
1
0
0

优秀奖

李涵悦

（赛涧乡中心学校）

优秀奖

缪金灿（江口镇中心学校）

致敬

优秀奖

吴静涵（江口镇中心学校）

中国共产党
100
1921
2021

优秀奖

韩昊泽（红星镇中心学校）

100

优秀奖

尤冉（古城镇樊马小学）

剪纸

敬礼

一等奖

红领巾心向党

蒋雅丽

（赛涧乡中心小学）

献花篮

二等奖

万庆庆

（迪沟镇中心学校）

附录:颍上县少儿书画大赛评审工作剪影

比赛工作剪影(一)

迈进新时代
谱写新篇章
消火栓

比赛工作剪影(二)